D0094513

DISCARD

Cómo dejar de fumar

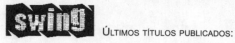 Últimos títulos publicados:

Cómo dejar de fumar

Dr. Jorge Bello

© 2011, Ediciones Robinbook, s. l., Barcelona

Diseño de cubierta: Regina Richling
Fotografía de cubierta: © Istockphoto
Diseño interior: Paco Murcia

ISBN: 978-84-96746-57-2
Depósito legal: B-2.809-2011

Impreso por: **blackprint**
A CPI COMPANY

Torre Bovera 6-7 08740 Sant Andreu de la Barca

Impreso en España - *Printed in Spain*

*A mi esposa y a mi pequeña hija María Antonia,
porque son las dos razones más poderosas
para dejar de fumar.*

*A mi maestro, porque me enseñó a dejar de
fumar y porque me enseñó a enseñar y a vivir.*

Sumario

Presentación

Este libro es necesario. Es necesario porque representa la solución a un problema cada vez más alarmante, cada vez más generalizado y cada vez más urgente. Este problema es una enfermedad epidémica: el tabaquismo. Y me atrevo a decir enfermedad porque las páginas que siguen demostrarán que el problema del tabaco es precisamente eso, una enfermedad. No un capricho de algunos, ni mucho menos un vicio. Se trata de un trastorno de salud que afecta a muchas personas, la mayoría con ganas de curarse, todas con la urgente necesidad de hacerlo.

Dejar de fumar sin darse cuenta no es una utopía ni tampoco una frase puramente formal: con el método combinado que se propone, sustentado en los parches de nicotina, usted no sentirá la necesidad física de fumar. Y respecto a la necesidad psíquica, en este libro encontrará trucos y consejos que, junto con una mínima voluntad de su parte, le permitirán superar cualquier situación que se presente.

Estas páginas demostrarán también que curarse de esta enfermedad llamada tabaquismo (es decir, dejar de fumar para siempre jamás) constituye un objetivo que se puede alcanzar con cierta facilidad. Se exige humildad para asumir el problema y paciencia para someterse a un tratamiento lento, pero seguro. No hay en este libro promesas milagrosas ni fórmulas magistrales para una curación mágica e inmediata. Lo que hay es ciencia, una propuesta de tratamiento, el fruto de la experiencia de muchas personas que hoy, felices, respiran en libertad.

Respiran en libertad, efectivamente, porque quien deja de fumar abandona la esclavitud del tabaco y recupera la libertad que le quitara, años atrás, un cigarrillo tras otro. Esta esclavitud es, desde un punto de vista científico, una dependencia, una adicción. Que el tabaco esclaviza ya lo sospechó sir Francis Bacon, en 1623, cuando afirmaba:

> El uso del tabaco cada vez se extiende más y seduce a los hombres con un cierto secreto placer; cuando estos se han acostumbrado, difícilmente pueden privarse luego de él.

Más de tres siglos después, y mientras la humanidad seguía fumando sin preocuparse de los venenos que estaba inhalando, un periodista estadounidense hizo un descubrimiento escalofriante.

Corría el año 1965. La prensa descubrió y sacó a la luz un memorándum de la empresa Philip Morris, de Estados Unidos, donde se pretendía establecer cuál es la cantidad mínima de nicotina que debe tener un cigarrillo para mantener al fumador «enganchado» al tabaco. Es decir, se quería saber qué cantidad de nicotina hace falta para que el fumador siga siendo un esclavo del cigarrillo. Este documento escandaloso venía a confirmar que los fabricantes de cigarrillos ya conocían el poder adictivo de la nicotina y estaban dispuestos a usar esta adicción con fines comerciales.

Mucho y variado es lo que se sabe sobre los efectos del tabaco. Esta información convierte al cigarrillo en el único producto manufacturado del mundo que, destinado al consumo masivo y usado de acuerdo a las instrucciones del fabricante, provoca adicción, enfermedad y muerte.

Pero este libro no habla de muerte, sino de vida. Sus páginas son optimistas, están llenas de la alegría de vivir, de deseo de superación, de espíritu vencedor. Están escritas en un lenguaje que, aunque científico, es sencillo y claro, y enseñan algo definitivo y contundente: la combinación de dos métodos consigue dominar el problema del tabaco. Se trata de los parches de nicotina, por un lado, y la milenaria ciencia de la relajación y la meditación, por otro. Combinados ambos métodos, logran que cuerpo y mente, simultáneamente, se liberen de la esclavitud del cigarrillo.

Dicen que para muestra basta un botón. El autor de este libro es un ex fumador empedernido, profundamente arrepentido, que consiguió dejar de fumar gracias a la combinación de ambos métodos, y con todo detalle los explica desde la profundidad de su propia experiencia. Reconoce que su pasado de fumador le representaba una situación paradójica, contradictoria y traumática porque, como médico, conocía en aquel entonces los múltiples peligros que entrañaba el pitillo. Pero aun así, dominado por la adicción, seguía fumando. El éxito que obtuvo en su batalla contra el cigarrillo y el que posteriormente obtuviera con otras personas (pacientes, familiares y amigos) lo llevaron a escribir este libro. ¿Su objetivo? Dar a conocer las claves del éxito, y compartir el éxito con quienes aún no disfrutan de él.

Pasado, presente
y futuro del tabaco

La historia del tabaquismo acompaña a la historia de la humanidad desde hace al menos quinientos años. El consumo de tabaco ha marcado el comportamiento de las personas al mismo tiempo y la humanidad ha marcado la forma de consumir tabaco (fumado, esnifado, mascado o inhalado).

Consumir tabaco es una costumbre de origen americano. Los datos que se conocen sobre la vida cotidiana en la América anterior a Cristóbal Colón demuestran que allí existía el hábito de inhalar el humo de las hojas de la planta de tabaco. Seguramente, se trataba de una costumbre muy extendida (desde Alaska hasta la Tierra de Fuego) cuando llegaron los colonizadores españoles.

Los relatos de la época cuentan que los indios participaban en ceremonias rituales donde se encendían grandes hogueras; en ellas quemaban las hojas del tabaco y aspiraban el humo. También se cuenta que inhalaban el humo por la nariz a través de unos cilindros confeccionados con hojas de tabaco enrolladas (lo que hoy diríamos un puro). Después de esas fumadas, los indígenas presentaban extraños episodios de agitación y delirio; hoy en día, la ciencia sabe que estos síntomas se deben a la intoxicación aguda por nicotina.

En Europa, al principio, la costumbre del tabaco no fue más que una diversión de los señores de la corte y un solaz esparcimiento de los caballeros en guerra. Era una moda muy cara, pero aun así se acostumbraba a usar las hojas de la planta del tabaco para adornar ciertas celebraciones religiosas o banquetes cortesanos. No llamaban al tabaco por este nombre, sino que lo denominaban:

- *Herba sancta.*
- *Herba panacea.*
- Hierba del embajador.
- Hierba de la reina.
- *Catalina nuduca.*
- Hierba de Santa Cruz.
- Petún.
- *Planta medicea.*

Tal variedad de nombres enseña que el tabaco era una costumbre reservada sólo a las personas de las clases sociales más adineradas (la corte, los embajadores, los comerciantes). También estos nombres indican que se le atribuían muchas y variadas propiedades curativas (hierba santa, hierba curadora).

Como ejemplo de estos supuestos efectos medicinales, transcribo textualmente un párrafo que el jesuita y profesor Bernabé Cobo (1582-1657) dejó escrito en sus *Historias del Nuevo Mundo*:

Para la sordera, verter una gota de jugo de tabaco en el conducto auditivo externo. Contra los eritemas y eccemas, fricciones fuertes y diarias con hojas de tabaco. Contra las cefaleas y otros dolores de cabeza, hojas verdes sobre la zona dolorida o brebajes con infusiones de hojas secas de tabaco. En casos de ceguera total, aplicaciones sobre los ojos de apósitos con hojas verdes de tabaco. Para el dolor de estómago, la digestión, las náuseas y los vómitos, aspirar humo de tabaco.

EL TABACO EN LA HISTORIA

El tabaco no es ninguna novedad en nuestra civilización, todo lo contrario, hace varios siglos que se utiliza para fumar, aunque de distintas maneras. Hay sólidas razones históricas para pensar que las civilizaciones americanas de la era precolombina ya conocían las hojas del tabaco; seguramente las fumaban en circunstancias especiales, como ciertas ceremonias. Es posible también que fuera un elemento para regalarse unos a otros cuando las exigencias sociales de la época así lo indicaban.

Los primitivos habitantes de las Américas llamaban tabaco a las hojas enrolladas de la planta de tabaco; las encendían por un extremo y aspiraban por el otro. También llamaban tabaco a una caña hueca y parcialmente llena de tabaco, que se encendía y se aspiraba (lo que hoy se parecería a una pipa). Fumado de una forma u otra, el consumo de tabaco en las épocas anteriores a la llegada de Cristóbal Colón a América tenía un carácter ritual, mágico o ceremonial.

Resulta aún más sorprendente comprobar que aquellos primitivos fumadores de la América precolombina armaban un artilugio para fumar que se parecía mucho a los actuales cigarrillos. Envolvían un poco de tabaco, seco y picado, en hojas desecadas de maíz; luego lo encendían y lo fumaban. Supongo que la cantidad de nicotina que tendrían aquellos primitivos cigarrillos debía ser mucho más alta que la de los actuales, con lo que esos aborígenes habrían desarrollado una adicción rápida e intensa.

La costumbre de fumar esos precarios cigarrillos era bastante común y generalizada. Al menos esto es lo que Rodrigo de Jerez y Luis de Torres contaron a Cristóbal Colón pocos días después de que este llegara a América. Efectivamente, el almirante los había mandado a explorar lo que hoy es la isla de Cuba y volvieron a bordo con la novedad. Con fecha 6 de noviembre de 1492, Colón dejó constancia del fenómeno en su diario de a bordo.

Sin embargo, el tabaco no era para Colón una noticia nueva; lo nuevo consistía en que se fumaba. Tampoco es que conociera el tabaco desde siempre: sabía de la existencia de aquellas hojas secas desde tres semanas antes, cuando los nativos recién descubiertos se las ofrecieron, enrolladas, a modo de presente. Aquellas hojas de tabaco llegarían meses después a Europa con la supuesta idea de poseer propiedades curativas, pero no se harían famosas hasta casi un siglo después.

La llegada al consumidor

El consumo de tabaco comenzó su cruel carrera de ganar adictos cuando, en 1570, el embajador francés en Portugal envió a Catalina de Médicis (entonces reina de Francia) una pequeña partida de polvo de hojas de tabaco para el tratamiento de sus frecuentes ataques de jaqueca. El nombre del diplomático en cuestión, Jean Nicot de Villemain (1530-1600), se hizo tristemente famoso porque a partir de su apellido se formó la palabra «nicotina» y el nombre botánico con que se conoce a la planta de tabaco.

Permisos y prohibiciones

El tabaco se hizo popular en la corte francesa del siglo XVI y rápidamente se extendió por palacios y castillos de todo el mundo. Conforme el comercio entre puertos de Europa y América fue extendiendo su uso, comenzaron a oírse las voces de quienes lo autorizaban como si de algo maravilloso se tratara y de quienes lo prohibían a rajatabla.

En otros círculos, el consumo de tabaco fue castigado con penas durísimas, pero aun así la mala costumbre sobrevivió porque desde siempre ha representado un gran negocio para las naciones. Como muestra de castigos ejemplares, autocráticos y desproporcionados, cabe recordar:

- El rey Jaime I prohibió el consumo de tabaco en Inglaterra en 1604 y, veinte años más tarde, el papa Urbano VII lo consideró un «producto infernal».
- En la región de Lüneberg (Alemania), el hecho de fumar, inhalar o mascar tabaco era penado con la muerte a finales del siglo XVII.
- El sultán Murad IV castigaba a los fumadores con la decapitación, el desmembramiento o la mutilación de pies y manos (siglo XVII).

- En 1650 se prohibió tanto la posesión como el consumo de tabaco en las regiones que hoy corresponden a Baviera, Sajonia y Zürich.
- El papa Urbano VIII promulgó la excomunión para quienes fumasen dentro de los recintos sagrados o en los lugares próximos a las diócesis.
- En Rusia, el zar Miguel Fedorovich (siglo XVII) mutilaba a los fumadores y a los que comerciaban con tabaco cortándoles la nariz o los deportaba a Siberia.
- En Turquía, en esa época, se arrastraba a los fumadores por las calles de Constantinopla con la pipa clavada en la nariz.
- Un decreto chino de 1638 avisaba que todo fumador o comerciante de tabaco sorprendido in fraganti sería decapitado.

En España, las cosas no llegaron a esos extremos de inusitada crueldad. Aun así, la Inquisición dejó bien claro que «sólo Satanás puede conferir al hombre la facultad de expulsar humo por la boca». De esta manera, la Iglesia podía acusar a un fumador de pactar con el diablo, lo que en aquellos años equivalía, con toda probabilidad, a morir quemado en la hoguera. Similar trato recibían las personas que consumían otras drogas propias de la época (hongos psicoactivos, plantas solanáceas, opio).

Sin embargo, el negocio era el negocio. En 1611, España se convirtió en el primer país del mundo que gravó el comercio de tabaco con impuestos; la Hacienda Pública, poco después, se hizo cargo de la comercialización de las labores del tabaco, constituyendo así uno de los monopolios más antiguos que se conocen. Por esas fechas ya estaban bien establecidas las plantaciones de tabaco en Santo Domingo, Cuba y Estados Unidos.

Durante casi un siglo, las monarquías europeas (sobre todo la inglesa) se las ingeniaron para mantener un doble juego: por un lado, castigaban duramente el consumo de tabaco, y por otro, cobraban suculentos impuestos a quienes lo comercializaban. Esta doble conducta representó un negocio tan lucrativo que las razones morales, antes poderosamente en contra del tabaco, comenzaran primero a tolerar su comercio y acabaron, después, por aceptarlo.

A partir del siglo XVIII, la humanidad es testigo de la progresiva consolidación de la producción, el comercio y el consumo de tabaco, siempre primado por los pingües negocios que con él se hacían. Por este motivo, la opinión pública cambió de pensamiento: voces de supuesta autoridad se elevaron para ensalzar las maravillas del fumar, para loar los beneficios del tabaco. No tardarían los artistas de cine, modelos de la juventud, en reproducir tales argumentos con palabras y gestos.

Pese a todo, con voces a favor y en contra, el auge del tabaco creció de manera epidémica. Llegó a tener tanta importancia que se usaba como moneda de cambio para la compra de esclavos en Virginia (Estados Unidos) o para adquirir tierras en África.

El consumo de cigarrillos se generalizó a partir de finales del siglo XIX, cuando se diseñó la máquina para fabricarlos a gran escala. La Primera Guerra Mundial (1914-1918) marcó el empujón definitivo de la costumbre de fumar entre los hombres; la segunda gran guerra (1939-1945) y las transformaciones sociales que produjo acabaron incorporando a las mujeres a las huestes de fumadores.

UNA CURIOSIDAD ANATÓMICA

Levantando el pulgar al máximo (o sea, separándolo lo máximo posible del resto de los dedos) se observa que hay dos tendones que forman los límites de un pequeño espacio más o menos triangular. En el fondo de ese espacio transcurre una importante arteria destinada a llevar sangre oxigenada a la mano, la arteria radial. Como el espacio en cuestión se parece (con un poco de imaginación) a los antiguos recipientes para guardar polvo de tabaco, recibe el nombre de «tabaquera anatómica».

Aunque se sospechó desde siempre, es a partir de los años cincuenta cuando se sabe con seguridad que fumar es malo para la salud.

La planta de tabaco

Lo que llamamos tabaco son las hojas de una planta anual de flor hermosa cuya corola es de color amarillo, rosa o rojo. Botánicamente, pertenece a la familia de las solanáceas, al género *Nicotiana* y a la especie *tabacum*. Es una planta bonita, casi tan alta como un ser humano. Por si sirve de referencia, el tomate, la patata, la berenjena y el pimiento también son plantas de la familia de las solanáceas.

El tabaco de mascar

La costumbre de mascar tabaco procede de América. Allí, los indios, esclavizados, masticaban incansablemente una mezcla de hojas de tabaco con polvo de conchas de almejas con el objetivo de reanimarse y de no sentir hambre ni sed; de esta manera trabajaban más. En las oscuras memorias de la historia, tal hábito se confunde con algo que sigue plenamente vigente desde tiempos remotos: la costumbre andina de mascar hojas de coca.

El tabaco en polvo

El tabaco en polvo fue la forma de consumo en Europa hasta bien entrado el siglo XVIII. Se consumía por la nariz, esnifándolo como hoy en día se hace con la cocaína. En aquel entonces era una costumbre que se consideraba socialmente refinada: lo educado era abrir la lujosa tabaquera que lo contenía, depositar una pequeña cantidad de polvo de tabaco sobre el dorso de la mano y aspirarlo de manera diestra, rápida y elegante.

El tabaco en polvo procedente de Sevilla tuvo renombre internacional gracias a que estaba finamente picado y exquisitamente aromatizado con agua de azahar.

El rapé francés y el groso florentín

Tanto el rapé, procedente de Francia, como el groso, procedente de Flandes, fueron sendas formas de tabaco en polvo que gozaron de gran prestigio y popularidad, sobre todo entre las clases adineradas, miembros de la nobleza, diplomáticos y navegantes. El rapé era un polvo similar al serrín, aunque más oscuro; el groso presentaba partículas gruesas, como granos de mostaza, perfumadas con aguas de olor. Hasta el siglo pasado se consumió tabaco en polvo; sus últimos reductos estuvieron en Galicia y entre ciertas comunidades religiosas.

El puro

Los cigarros puros reciben este nombre porque se hace referencia a que están confeccionados solamente con hojas de tabaco (son puros, sin agregados ni más envoltura que las propias hojas de tabaco). Se consumen desde el siglo XVII, siempre bajo el estigma de la elegancia, la sofisticación y el deseo de demostrar dinero abundante y buena posición social. El auge del cigarro se debe, en parte, a que Fernando VII, gran fumador de puros, concedió plena libertad de cultivo y elaboración de tabaco a Cuba, entonces colonia española. De la capital de la isla, La Habana, toman nombre los famosos habanos.

La pipa

Como instrumento para fumar tabaco u otras hierbas, la pipa es antiquísima; lo demuestra el hecho de que los soldados bárbaros de la antigua Roma ya la utilizaban. Se cree que fueron los marineros portugueses quienes llevaron la costumbre de fumar en pipa a Europa, donde este hábito se hizo popular, sobre todo entre los pescadores, primero, y entre los campesinos, después. A partir del siglo XIX, la pipa se convirtió en un emblema de artistas, poetas y bohemios. La costumbre de fumarla es universal, pero no alcanza los niveles de popularidad del cigarrillo, quizá porque su preparación es casi ritual, poco adaptada a los tiempos modernos.

¿DE DÓNDE VIENE LA PALABRA «CIGARRILLO»?

Se cree que la palabra «cigarrillo» se originó en el cigarral de don Rodrigo de Xerés, pionero en el cultivo a gran escala del tabaco en España. Denominaban «cigarral» a las casas solariegas (haciendas) porque en verano resultaban invadidas por cigarras o langostas africanas.

El cigarrillo de liar

A poco de iniciarse el siglo XIX comenzó la venta de tabaco y de papel de fumar en España. Si bien tuvo de entrada un cierto éxito, la venta fue suspendida dos años después porque el hecho de tener que liar cada uno su propio cigarrillo producía una pérdida de jornada laboral que las empresas no quisieron tolerar. Sin embargo, un decenio más tarde, en 1829, recomenzó la venta, esta vez de manera imparable.

Durante estos años iniciales, y durante muchos más, el cigarrillo de liar fue patrimonio de las clases más humildes. Hoy es símbolo de originalidad, de rechazo a las normas establecidas y de rebeldía; también es el medio para fumar hachís, marihuana y otras drogas.

El cigarrillo actual

El cigarrillo de nuestros días, fabricado a escala industrial, data de 1881. Durante mucho tiempo se fabricó sin filtro, más corto y grueso que los actuales. Al principio no pasaba de ser un capricho para gente refinada y supuestamente moderna, pero luego se convirtió en el gran negocio de unos pocos y en el gran flagelo de la humanidad.

El tabaco en la actualidad

El principal productor mundial de tabaco es China; el segundo lugar corresponde a Estados Unidos, y el tercero, a la India. De forma curiosa pero a la vez absurda, el tabaco «genuinamente americano» que se consume en Europa es una mezcla de variedades cultivadas también en España. Otros países productores de tabaco importantes son Brasil, Rusia, Turquía, Bulgaria, Japón, Italia, Grecia, Canadá, Indonesia, Zimbabwe, Tailandia, México, Paquistán, Argentina y Corea.

Aunque se sabe con seguridad que casi todos los fumadores comenzaron con los primeros cigarrillos durante la adolescencia, con esta misma seguridad no se sabe cuántos individuos fuman en total. Se calcula que, de todas las personas con edades comprendidas entre 15 y 65 años, el 40 % fuma cigarrillos de manera habitual; la mayoría de estos individuos son de sexo masculino. Según todos los indicios, la cantidad de fumadores ha disminuido en los últimos años, seguramente debido al mayor grado de conciencia que se tiene hoy día sobre los riesgos del tabaco para la salud.

Junto a este dato optimista, los especialistas informan de otro dato claramente pesimista: está aumentando el número de mujeres que fuman. En otras palabras, en general se fuma menos, pero las mujeres fuman cada vez más, sobre todo las jóvenes. Esto es una verdad incuestionable, aunque sólo válida para los países más o menos ricos.

En los países subdesarrollados, la situación es distinta: un panorama desolador, cruel, sin escrúpulos ni control. El menor nivel cultural que, en general, tienen los habitantes de esos países se ha convertido en el mejor baluarte de las grandes multinacionales del tabaco. Aprovechando ese bajo nivel cultural, estas empresas han iniciado grandes campañas de propaganda para inducir el consumo de cigarrillos. Cuando los habitantes de los países subdesarrollados caigan en la cuenta de que son objeto de una cruel maniobra comercial, será tarde para arrepentirse: la multinacional habrá hecho su gran negocio a costa de los pulmones ajenos.

De similar magnitud y gravedad es el hecho de que las marcas más conocidas de tabaco ayuden a subvencionar ciertos eventos deportivos o musicales. De esta manera (sin hacer publicidad directa, que en muchos países está prohibida), promocionan sutilmente la costumbre de fumar y así, los jóvenes, que se encuentran psíquica y físicamente en desarrollo, pueden asociar la marca de cigarrillo con las bondades del deporte. Y sucede al revés: fumar disminuye sensiblemente el rendimiento deportivo aunque, al principio, el deportista aficionado no lo note.

Aún van más lejos las sutiles campañas de las multinacionales tabaqueras. Según un estudio científico de seriedad incuestionable, nueve de cada diez niños de seis años supieron reconocer con la misma facilidad al ratón Mickey y al camello de Camel. Como una cruel ironía de la vida, la propaganda a favor del tabaco se dirige hacia las personas más vulnerables: los niños, los adolescentes y los habitantes de los países subdesarrollados.

Qué sustancias contiene el humo del cigarrillo

Aún no se ha podido completar la lista de sustancias químicas contenidas en el humo del cigarrillo, pero se han contabilizado unas cuatro mil. A modo de ejemplo: monóxido de carbono, sulfitos, óxido nitroso, metano, acetaldehído, isopreno, acetona, cianidina de hidrógeno, butanona, tolueno, acetonitrilo, acroleína, amoníaco, ácido cianhídrico, benceno, dimetilnitrosamina, nitrosopirrolinina, nitrobenceno, alquitrán, nicotina, fenol, agua, catecol, pireno, dimetilfenol, cresol, etilfenol, sigmasterol, fitosteroles, indol, ácido fórmico, nitrosonornicotina, polonio, dióxido de carbono, níquel, cadmio, arsénico, metilcarbazol, catecoles, benzopireno, dibenzopireno, formaldehído... Por separado, comentaré algunas de estas sustancias.

Nicotina

La nicotina es un alcaloide, la sustancia que provoca la adicción al tabaco y crea dependencia psíquica y física. Es también la sustancia química cuya carencia provoca el síndrome de abstinencia padecido por los fumadores cuando dejan de fumar sin una guía adecuada. Provoca, además, los siguientes efectos:

- Aumenta la frecuencia cardíaca (taquicardia).
- Aumenta la tensión arterial (hipertensión).
- Disminuye la temperatura corporal.

- Puede producir náuseas, vómitos, diarrea y exceso de saliva.
- Aumenta la cantidad de cortisona natural.
- Provoca la liberación de adrenalina.
- Disminuye la cantidad de orina y se retienen líquidos en consecuencia.

La nicotina pasa a la sangre a través de las células de la boca, de los bronquios y del pulmón. Luego se acumula en el hipotálamo y en otras estructuras cerebrales. Al final, el organismo la elimina, metabólicamente modificada, a través de la orina y del sudor. En el caso de las mujeres que amamantan, la nicotina aparece disuelta en la leche materna. Desde que una partícula de nicotina entra en el cuerpo hasta que sale pasan unos tres o cuatro días.

En forma pura y concentrada, la nicotina es extraordinariamente tóxica (ocho gotas matarían a un caballo, según experimentos realizados). Diluida en el humo del cigarrillo y administrada paulatinamente, su toxicidad es similar, pero ello sólo se observa a largo plazo.

Monóxido de carbono

El monóxido de carbono es un gas sin color, olor ni sabor, sumamente venenoso, que se desprende de la combustión del fuego, tanto sea de un incendio como de un calefactor con poca ventilación, por ejemplo. El monóxido de carbono del humo del cigarrillo procede tanto de la quema del tabaco como de la combustión del papel que lo envuelve.

En el aire atmosférico que se respira en las ciudades hay una pequeña proporción de monóxido de carbono, procedente sobre todo del tubo de escape de los automóviles. Es poca cosa, pero suficiente para que todos lo respiremos y, a través del pulmón, entre en el organismo. Una vez dentro, en la sangre se une a la hemoglobina de los glóbulos rojos y dificulta su función de transportar oxígeno desde los pulmones hacia todas y cada una de las células del cuerpo. En los individuos no fumadores, esta cantidad de monóxido de carbono que se une a la hemoglobina sanguínea (carboxihemoglobina) resulta tan pequeña que no ocasiona mayores problemas. Pero en los fumadores, esta cantidad es mayor y sí provoca trastornos; esta cantidad resulta mayor porque los fumadores respiran el monóxido de carbono ambiental y el del humo del cigarrillo, mucho más concentrado y abundante.

Carcinógenos

Con el nombre de carcinógenos se designan aquellas sustancias químicas que pueden provocar cáncer. La ciencia ha podido identificar varios carcinógenos en el humo del cigarrillo (con o sin filtro, tabaco rubio o negro...), cada uno de los cuales, por sí mismo, puede iniciar el proceso de desarrollo de cáncer. Una vez ha comenzado este proceso, como ya se sabe, el cáncer no se detiene con sólo dejar de fumar. Otras enfermedades derivadas del tabaco, en cambio, sí mejoran abandonando el tabaco.

Fenoles, formaldehídos...

Estas sustancias son las responsables de que los bronquios pierdan su capacidad de autolimpieza. Perder

DÓNDE RESIDE LA GRAVEDAD DEL PROBLEMA DEL TABACO

De manera similar a lo que sucede con otras drogas, el tabaquismo produce de forma general tres problemas sumamente complejos:

- El poder adictivo de la nicotina determina que haya un gran número de fumadores. Se genera así un enorme mercado que aporta gigantescos beneficios a las empresas multinacionales del tabaco. Estas permanecen totalmente indiferentes a los trastornos de salud que provoca el consumo de cigarrillos.
- La publicidad invita a empezar a fumar y a seguir fumando. Esta propaganda es sutil en los países occidentales, donde las leyes la restringen de forma parcial, pero muy agresiva en los países del Tercer Mundo, cuyos habitantes quedan así desamparados frente a las empresas tabaqueras.
- En muchos países subdesarrollados se encuentran grandes plantaciones de tabaco. Se trata de un monocultivo que empobrece la tierra fértil de pueblos ya castigados por el hambre. La plantación de tabaco acaba agotando los terrenos que deberían destinarse al cultivo de cereales u otros alimentos.

esta capacidad significa acumular mucosidad en el interior del pulmón y de los bronquios, lo que provoca tos, primero, e infecciones, después. A su vez, la reiteración sistemática de las infecciones pulmonares conlleva, con los años, el daño irreversible del pulmón y que este vaya perdiendo su función.

¿Y los cigarrillos sin filtro?

El humo de los cigarrillos sin filtro (incluyendo los liados a mano) contiene aproximadamente el 30 % más de sustancias tóxicas que el humo de los cigarrillos con filtro. La mayoría de filtros se fabrican con acetato de celulosa, una sustancia que retiene numerosas partículas contenidas en el humo; los filtros que incorporan carbón activado retienen, además, algunas de las sustancias volátiles.

Los fumadores deben tener presente que el primer tercio del cigarrillo es el que aporta menos sustancias tóxicas, mientras que el tercio final es el más peligroso para la salud. Con esto no quiero decir que si fuma sólo la mitad de cada cigarrillo conservará buena salud, sino que la sustancia tóxica estará presente en menor cantidad, pero será igualmente nociva.

Incluso filtrado de una manera o de otra, e incluso fumando sólo hasta la mitad, el humo del cigarrillo es un tóxico peligroso para la salud. Es más tóxico que el humo de fumar cigarros y que el humo del tabaco de pipa; respecto a estas últimas, son más nocivas las pipas rectas que las curvas. En fin, el tabaco sigue siendo tabaco y no hay razón para llevarse a engaño.

EL TABACO EN EL FUTURO

Precisamente porque el cigarrillo crea dependencia, el fumador se hace dependiente del cigarrillo. Poco a poco se ve obligado a comprar de forma periódica un producto que a menudo consume sin valorar el daño que provoca a su salud y a su bolsillo. Aquí reside el secreto del éxito comercial del tabaco.

Millones y millones de personas, cada día, compran cigarrillos. Esto convierte a la industria tabaquera en una de las más rentables del mundo. Su facturación anual y sus ganancias la ubican dentro de los cinco negocios más lucrativos del planeta. Pero su éxito no se basa en ser un producto útil o necesario, sino en convertir al fumador en un comprador obligado, aunque a este le cueste reconocerlo.

Tanto negocio y tanta dependencia, tantos intereses creados (lícitos e ilícitos), permiten presuponer que el negocio del tabaco no cambiará sustancialmente en los próximos años. Sin embargo, la presión en contra de este negocio es cada vez mayor. La situación puede cambiar en un futuro no muy lejano. Mientras, algo hay que hacer por la propia salud y por la salud de hijos y nietos.

Mi experiencia
como médico fumador

Ser médico y ser fumador es una combinación contradictoria, una paradoja cruel e incomprensible al mismo tiempo. Sin embargo, aun sabiendo el mal ejemplo que representa un médico que fuma y conociendo el daño que provoca el consumo del tabaco, yo seguía fumando.

Como muchos otros fumadores, creía que dejar de fumar era sólo cuestión de proponérselo. Craso error: el tabaco es una adicción. Durante años y más años fumé con la ingenua ilusión de poder dejar de fumar cuando lo quisiese. Estaba en un error, pues fumaba sin poder controlarlo. Pensaba que abandonaría el hábito tabáquico una tarde cualquiera, pero poco a poco fui convenciéndome de que estaba equivocado y de que necesitaba ayuda para dejar de fumar.

Fue entonces cuando consulté a expertos, cuando averigüé todo cuanto se sabe sobre esta enfermedad. Con la información al alcance de la mano y plenamente consciente de la necesidad de dejar de fumar con la ayuda de un especialista, me puse en manos del departamento de desintoxicación de un gran hospital (me

daba vergüenza pedir ayuda en mi propio hospital).
Los resultados no se hicieron esperar: ya no fumo.

Hoy día, el tabaco es para mí algo definitivamente
superado. Estoy satisfecho y agradecido porque logré
liberarme de este gran problema. Satisfecho conmigo
mismo, pues nunca hubiera imaginado que llegaría a
dominar del todo al cigarrillo cuando antes era yo el
dominado. Y agradecido a todas las personas que me
dieron la mano sincera y desinteresada, a todos los que
me comprendieron y fueron pacientes conmigo, a todos quienes me ayudaron a dejar de fumar.

Satisfacción y agradecimiento, he aquí los dos sentimientos que dominan el espíritu de quien deja de fumar, pero puede haber otro sentir en el corazón: la vergüenza.

LA VERGÜENZA

La vergüenza es el sentimiento que se esconde en el
fondo de mi corazón y algo de lo cual no logro des-
prenderme. Se trata de un sentimiento poderoso e in-
excusable, la vergüenza de haber fumado vestido con
bata blanca, de haber fumado un cigarrillo entre visita y visita de mis pacientes.

Me amenaza la vergüenza sólo con recordar que a
mis pacientes fumadores les recomendaba el abandono inmediato del tabaco. Con toda seguridad, ellos sen-
tían en mí el olor del cigarrillo recién fumado y duda-
ban, con razón, de mi consejo, que era sincero para
ellos pero inútil para mí.

Me queda el consuelo de pensar que aquellos consejos, aun impregnados de olor a cigarrillo, eran sanos,

estaban bien intencionados y perseguían un objetivo saludable. Me haría ilusión saber que, aun desconfiando, aquellos pacientes me hicieron caso.

Las páginas que siguen en este capítulo contienen el relato de cómo comencé a fumar, cómo continué haciéndolo a sabiendas de que es malo para la salud, cómo intenté dejarlo y fracasé, y cómo, por fin, logré vencer el problema gracias a la sabia combinación de dos instrumentos maravillosos: los parches de nicotina y los antiguos sistemas de meditación y relajación, modernizados para la ocasión.

Descender al anonimato

A fin de intentar tapar la vergüenza de haber sido fumador y médico al mismo tiempo, relataré mi historia (que básicamente puede ser la de muchos fumadores) en tercera persona y ocultaré a mi propio yo con las letras que universalmente representan el anónimo: NN. Entonces, este relato comienza cuando NN era un chico adolescente...

LA CAÍDA

La adolescencia es tiempo de cambios y de descubrimientos, de errores cometidos por inexperiencia y de aciertos embocados por intuición; tiempo de tentar para aprender, de probar para escarmentar. Los años adolescentes de NN no fueron la excepción, sino más bien la regla del comportamiento que caracteriza el paso de la niñez a la vida adulta. NN descubrió muchas cosas durante su adolescencia. Pasó los años mozos en su pueblo natal, unas cuantas casas agrupadas en torno a la plaza y a la iglesia. Allí, como ocurre en tantas partes del mundo, ciertas luces, falsas y engañosas, encandilan a quien no sabe distinguir el trigo de la paja. Por ser adolescente, por estar descubriéndolo todo, NN probó su primer cigarrillo una tarde de domingo.

Años después, reflexionando en tardes de domingo, NN intentaba descubrir por qué probó aquel primer cigarrillo. Quizá fuera el efecto de la propaganda, tal vez por imitar a algún amigo, quizá porque le habían dicho que fumar era de hombres, tal vez por impresionar a las chicas, porque estaba de moda... Un sinfín de razones que NN no alcanzaba a comprender.

Lo cierto es que aquel cigarrillo fue el primero de una larga serie. Fumarlo le produjo una extraña sensación de vahído, de mareo, de algo que pica en la garganta. No fue un placer, por cierto. Sin embargo, y por no demostrar debilidad delante de sus amigos, NN no dijo nada, como si aquello del tabaco no fuera con él.

Pero la influencia del ambiente es poderosa. Poco después, NN fumaba el segundo cigarrillo, el tercero, el cuarto... Al principio fue en reunión de amigos, luego en soledad. Al principio fumaba a la salida del colegio, luego durante la hora del patio, medio escondido con otros camaradas, hoy en un rincón, mañana en un lavabo...

Como pasa siempre, las cosas comenzaron casi sin darse cuenta, y casi sin darse cuenta, un día NN se encontró con que no podía pasar sin su dosis de nicotina. La adicción estaba establecida. No lo supo en aquel momento, pero sabría mucho tiempo después que la nicotina ya había establecido en su cerebro un vínculo difícil de romper.

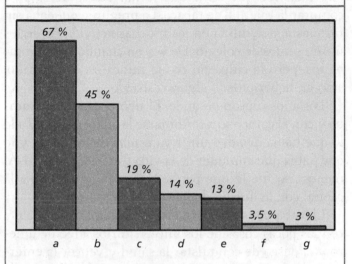

CONSUMO DE SUSTANCIAS ADICTIVAS DE ALUMNOS DE 14 AÑOS EN EE.UU. (1993)

a) adicción al alcohol; *b)* adicción al tabaco; *c)* adicción a los inhalados; *d)* ingesta de cinco o más bebidas consecutivas en los dos últimos meses; *e)* adicción a la marihuana; *f)* adicción al LSD; *g)* adicción a la cocaína.

El estudio confirmaba que los alumnos que aumentaban de un bajo consumo de tabaco o alcohol a un consumo alto, presentaban mayor probabilidad de consumir otras sustancias psicoactivas o de aumentar el consumo de estas.

Sin embargo, aquello que al principio parecía prometedor, luego no se cumplió: gracias a los cigarrillos, NN no se hizo más hombre, ni tuvo más éxito con las chicas, ni ganó más amigos... Sus relaciones sociales y su proceso de descubrir el mundo de los adultos no se modificó por efecto del tabaco. Entonces, ¿para qué fumar?

Esta pregunta aparecía con fuerza en la cabeza de NN cada vez que tenía que juntar sus ahorros para comprar la cajetilla de tabaco. La pregunta quedaba sin respuesta y se diluía en las muchas actividades de los últimos años de colegio. De vez en cuando le provocaba tos, pero la culpa no recaía nunca en el cigarrillo, sino en haber pillado algún resfriado.

Los años fueron pasando. El tiempo de colegio acabó y con él comenzó a terminarse la adolescencia. Todo lo que había que descubrir ya estaba descubierto, y lo que había que aprender de la vida estaba aprendido. Al menos eso fue lo que pensó NN cuando marchó a la capital con la ilusión de llegar a ser médico.

Llevaba consigo los mejores anhelos, una maleta con las pocas cosas de los universitarios, algo de dinero y el deseo de conquistar la salud y vencer la enfermedad como médico. Y con su acostumbrada cajetilla de cigarrillos.

La costumbre de fumar se había hecho algo tan sólido, habitual e incuestionable que NN no daba un paso fuera de casa sin sus cigarrillos. No se movía sin ellos porque le daba pánico quedarse sin tabaco durante una juerga de sábado por la noche, entre clase y clase de la universidad, caminando de aquí para allá, tomando el café con los amigos...

En realidad, no se movía de casa sin sus cigarrillos porque la dependencia física y psíquica que su cuerpo había establecido con la nicotina no se lo permitía. Pero NN estaba aún lejos de reconocer que era un adicto al tabaco.

En las pocas veces en que pensaba sobre el porqué de esta situación de franca dependencia, NN huía de los argumentos que tenía en las narices. Su padre fu-

¿UN EJEMPLO A IMITAR?

La experiencia de fumar aparece como un ejemplo a imitar durante los años de la adolescencia. Se trata de ser como los muchachos o las chicas mayores, como los ídolos de la televisión, como los cantantes de moda o los ejecutivos de éxito. Los deportistas famosos dan un buen ejemplo a la juventud porque no son fumadores, pero paralela y contradictoriamente, las multinacionales del tabaco promocionan grandes eventos deportivos para «llenar de humo» la cabeza de los más jóvenes. Con el devenir de los años, el cigarrillo se convierte, más que en una costumbre, en una adicción.

maba, sus amigos fumaban, sus ídolos fumaban, los guapos de las películas fumaban... «¿Por qué no fumar yo también?», se preguntaba. Tenía razón: lo habían engañado.

Lo había engañado una sociedad donde prevalecen el consumo y las apariencias. Lo habían engañado quienes debían servir de ejemplo porque no servían de ejemplo. Sin embargo, los años calmaron la efervescencia juvenil y NN acabó admitiendo que quienes lo engañaron con malos ejemplos o con malos hábitos no sabían que estaban haciendo algo equivocado porque, a su vez, ellos también habían sido engañados.

LA DECISIÓN

La vida universitaria también está llena de descubrimientos, aventuras y anécdotas. Para NN significó el gran paso hacia la vida adulta. Aprendió el arte de compartir piso con otros estudiantes, el arte de organizarse la vida y de controlar el dinero... Aprendió otras artes igualmente útiles y maravillosas: el arte de preguntar, explorar, interpretar y diagnosticar a un enfermo, de saber qué tratamiento es el más adecuado para cada caso, de conocer que esto es normal y que aquello no lo es. Y aprendió algo aún más extraordinario, sencillo y definitivo: aprendió a valorar la salud, a saber cuánto vale estar sano.

Conoció el gran valor que tiene estar sano a fuerza de ayudar a muchos pacientes en la búsqueda de soluciones para sus enfermedades. Observó que estas soluciones son a veces rápidas, pero en otras ocasiones son lentas, que pueden ser fáciles o difíciles, sencillas o complejas. Y observó también que no hay soluciones para ciertas enfermedades, que para ellas sólo vale la prevención.

NN valoraba la salud propia y ajena, sabía que la buena respiración y el cigarrillo son enemigos. Lo sabía todo, pero aun así, NN fumaba. Como pasa en estos casos, NN no se rendía a la evidencia, no veía que tenía que dejar de fumar con urgencia porque ya comenzaba a notar la persistencia de la tos, la dificultad de subir las escaleras de la universidad, el olor de siempre...

Hasta que una tarde de domingo, harto de tanto depender del tabaco, con voz adulta y clara, dijo «¡basta!» y se propuso no fumar nunca más un cigarrillo en su vida. Estaba a punto de acabar la carrera de medicina. NN dejó de fumar cuando estaba en el umbral mismo de convertirse en médico.

EL FRACASO

A la mañana siguiente de tan solemne promesa, NN se levantó temprano, como de costumbre, para estudiar las materias de su última asignatura como estudiante de medicina. Desde hacía varios años, al levantarse, tomaba un café mientras se fumaba su primer cigarrillo; el segundo se lo fumaba en el baño, justo antes de ducharse. Pero aquella primera mañana sin fumar tuvo que repetirse una y mil veces su promesa para evitar caer en la tentación.

Y no fumó, que al final era lo más importante, era el objetivo. El resto del día y el siguiente fueron igualmente duros, pues la tentación de fumar resultaba poderosa, acentuada por el hecho de ver fumar a sus compañeros. NN perseveró con heroísmo en su propósito de no fumar, aguantándose el mal humor y el nerviosismo que la falta de nicotina le provocaba. Sus compañeros de piso y su novia, más o menos, tenían paciencia con él.

Durante varios días, NN no fumó ni un cigarrillo. Por tranquilizarse y para poder concentrarse en sus estudios, cada ciertas horas salía a caminar por el barrio; lo hacía con energía, casi con rabia, para descargar la violencia que se acumulaba en sus células. Por la tarde iba al gimnasio y allí también descargaba las tensiones, los malos humores... Pese a tantas «descargas», en casa reconocían que estaba insoportable.

El nerviosismo por presentarse a su último examen, unido al que le provocaba la ausencia de sus cigarrillos, lo obligaron a tomar infusiones de tila y de manzanilla para buscar la tan anhelada tranquilidad. Varias tazas al día fueron necesarias para que NN superara aquellos días terribles sin fumar y a punto de acabar la carrera de medicina. Quedó demostrado que la fuerza de voluntad es poderosa cuando uno se propone alcanzar determinado objetivo. Así fue como, sin fumar desde hacía varios días, NN aprobó la última asignatura: ya era médico.

¡Qué alegría! En las puertas de la universidad se creó espontáneamente el corro de estudiantes que, junto con NN, terminaron la carrera de medicina en aquella mañana histórica. Un gran jolgorio convidó a los otros estudiantes e incluso a los ocasionales transeúntes a sumarse al festejo. Y fue entonces cuando sucedió la catástrofe.

Un compañero de estudios, sin mala intención y sólo con la absurda idea de festejar el final de la carrera, lo invitó a un cigarrillo. NN contempló el ofrecimiento durante un segundo mientras todo a su alrededor eran manifestaciones de victoria y saltos de alegría. Durante aquel instante, NN recordó que ya no fumaba, que había conseguido dominar el demonio del tabaco, que había logrado terminar sus estudios sin fumar.

Se sintió victorioso y seguro, pero también ingenuo e inexperto: aceptó aquel cigarrillo traicionero y se dispuso a fumarlo tranquilamente.

Había caído en la trampa. En medio de aquella algarabía estudiantil, NN buscó un lugar apartado, encontró un momento de sosiego y se sentó en la escalinata de la Facultad de Medicina. Alguien le ofreció el fuego necesario para encender aquel cigarrillo, para fumar, para quemar el tabaco... y echar por la borda tantos días de esfuerzo.

Calada a calada, aspirando profundamente porque pensaba que aquel sería el único cigarrillo que se fumaría, y creyendo que tras él no volvería a fumar nunca más, NN consumió aquel pitillo. Le supo a poco, le pareció breve. Lo fumó hasta el final, casi hasta quemar el filtro, sin percibir que así introducía en sus pulmones, y luego en su cerebro, la máxima cantidad de nicotina.

Caídas y recaídas

A NN le pasó lo que sucede a muchos fumadores en esas circunstancias. Al cabo de varios días de no fumar aparece una sensación de victoria. Es falsa, constituye una trampa, un fenómeno curioso porque el ex fumador se convence a sí mismo con un argumento equivocado. Cree que porque lleva varios días sin fumar, puede controlar definitivamente el problema. Y no es así. Es el mecanismo que utiliza el inconsciente para reiniciar el hábito de fumar. En estos casos, la fuerza de voluntad del ex fumador, firme hasta entonces, baja la guardia. Y es entonces cuando el enemigo, la nicotina, aprovecha para regresar con todas sus energías.

Efectivamente, la cantidad de nicotina que representa aquel cigarrillo fumado con la ilusión de ser el único, es mucho mayor que la de un cigarrillo fumado en circunstancias normales. Esto es así porque la persona fuma aspirando profundamente y hasta el último milímetro de cigarrillo, dos circunstancias que aumentan sensiblemente la cantidad de nicotina que entra en el pulmón y, a través de la circulación sanguínea, llega al cerebro. Esa cantidad de nicotina que llega al cerebro es suficiente para despertar el deseo de fumar otro cigarrillo unas horas después. Y luego otro más, y así sucesivamente. De esta manera se reinicia la enfermedad, aunque esta vez lo hace muy poco a poco. Tal es la lentitud que el fumador se consuela pensando que «ahora fumo poco», cuando en realidad está caminando por el sendero que lo lleva a fumar cada vez más. Al cabo de unas semanas o unos meses, ya fuma lo mismo que antes.

Hay que considerar también el hecho de que la persona sabe que ha cometido la falta de fumar un cigarrillo, y luego piensa que si el pecado fue cometido con uno, será igual de grave con dos, con tres o con toda la cajetilla, que al final acaba fumando. Y por si todo esto fuera poco, también puede sobrevenir una desagradable sensación de frustración, un sentimiento que lleva con facilidad a reiniciar el hábito tabáquico.

Esto fue, exactamente, lo que le pasó a NN. Volvió a fumar a partir de aquel cigarrillo consumido por la pura excitación del momento, por haber bajado la guardia un instante, por pensar que esto del tabaco ya estaba dominado. Si en aquellos días hubiera usado parches de nicotina, con toda seguridad no hubiera caído en una trampa tan ingenua. Lo real y lo verídico fue que NN, tres semanas después, fumaba más o menos los dos paquetes diarios de cigarrillos que consumía con anterioridad.

Después de realizar los trámites correspondientes para formalizar su condición de médico, NN comenzó a trabajar como internista en un hospital. Allí recomendaba el inmediato abandono del tabaco a sus pacientes enfermos crónicos del pulmón o con problemas cardíacos. La vergüenza por oler a tabaco frente a esos pacientes apareció poco a poco, la vergüenza de fumar y, al mismo tiempo, recomendar un inmediato abandono del tabaco.

Años después descubriría uno de sus errores: no es el destino quien favorece el hábito de fumar, sino uno mismo quien se organiza la vida para fumar más sin ver los problemas del tabaco. Así fue como NN volvió a ser víctima del tabaco y de un estilo de vida cada vez más fumador.

Un estilo de vida fumador

Sin proponérselo, sin darse cuenta, NN comenzó a seguir un estilo de vida que favorece el tabaquismo, a la vez que impide ver con precocidad sus efectos. Cuando era estudiante notó la persistencia de la tos, la dificultad en subir escaleras, el olor a tabaco..., efectos que lo indujeron a dejar de fumar, aunque con poco éxito en aquel momento.

Desde entonces, su vida había cambiado: ejercía de médico, se había casado con su novia de toda la vida y entre ambos criaban una niña, tenía una cierta prosperidad económica y se consideraba, si bien no feliz, al menos realizado. Dejar de fumar se convirtió en algo deseable, pero que se plantearía más adelante porque a él, pensaba con absurda ingenuidad, el tabaco no le hacía daño alguno.

Su pensamiento era de una absurda ingenuidad porque él mismo estaba ocultando los efectos nocivos del tabaco tras la apariencia de médico y de padre de familia. Efectivamente, porque ya no subía escaleras, no notaba que apenas podía subirlas.

Porque ejercía de médico, estaba en condiciones de afirmar que esa tos no era importante porque se trataba de la «tos del fumador». Porque iban pasando los años, creyó que la brevedad del acto sexual era cosa de la edad. En fin, allí donde el tabaco se manifestaba, un tupido velo de ignorancia lo escondía.

Esta actitud es propia de los fumadores. Quien practica deporte, lo deja porque apenas puede con él y busca alguna excusa: «ya no tengo edad para jugar al fútbol», «no tengo tiempo de ir a la piscina», «no encuentro compañero para jugar a tenis»... Son excusas que impiden ver cómo el tabaco disminuye, poco a poco, la capacidad respiratoria de las personas que lo consumen.

Paulatinamente se adquieren los hábitos de vida que permiten seguir conviviendo con el cigarrillo. Al mismo tiempo, se evitan las circunstancias que lo ponen en evidencia. Este «estilo de vida fumador» constituye una respuesta normal e inconsciente de los fumadores a un problema que es difícil de reconocer, tanto como resulta difícil de admitir y de enfocar.

«Difícil pero no imposible», pensaba NN al salir cada tarde del hospital, con tos y sin prisas porque sabía que, a poco que corriera para tomar el autobús, llegaba jadeando. Poco a poco cayó en la cuenta de un hecho evidente aunque inconveniente: había que dejar de fumar.

De sólo pensar en aquellos días de máximo nerviosismo y de mal humor, cuando intentó dejar de fumar, se disipaba su sano propósito de abandonar el tabaco.

Y fue entonces cuando se decidió a pedir ayuda al departamento de desintoxicación de un gran centro hospitalario, puesto que le daba vergüenza pedir ayuda en su propio lugar de trabajo.

Sentía vergüenza de ser fumador en un mundo en que cada vez más personas dejan el tabaco para siempre jamás, pero más vergüenza sentía NN por su condición de médico, de «apóstol de la salud», de «sacerdote de la medicina»... No podía admitir el hecho de conocer perfectamente los problemas del tabaco, recomendar que las personas dejen de fumar... y seguir fumando.

Después de tanto cavilar, una tarde de domingo decidió formalmente pedir ayuda para dejar de fumar. Al principio pensó que los motivos más importantes que lo llevaban a tomar esta decisión eran estos cuatro:

- Prevenir las enfermedades crónicas del pulmón.
- Prevenir las enfermedades del corazón.
- Prevenir la arteriosclerosis y la hipertensión.
- Prevenir el cáncer de pulmón, el cáncer de laringe y el cáncer de vejiga.

Pero existía un argumento más poderoso que ninguno: la vida. Y la vida, en su caso, se hizo patente cuando su hija pequeña le preguntó un día: «Papá, ¿por qué fumas?».

NN no pudo responder a esta pregunta. Al contrario, el interrogante de su propia hija le daba vueltas en su cabeza hasta que, con voz arrepentida, se dijo «¡basta!» por segunda vez en su vida. Y fue la definitiva.

LA VICTORIA

Como un paciente cualquiera, NN pidió visita en el departamento de desintoxicación. Unos días después lo visitó un médico que le explicó el método para dejar de fumar. Quedó claro que es de la máxima importancia el cumplimiento escrupuloso de todos los pasos del sistema, incluso los más pequeños, aquellos que aparentemente no tienen importancia. El método que aquel médico propuso a NN fue definitivo. De médico a médico, uno enseñó al otro cómo librarse para siempre de la esclavitud del cigarrillo casi sin darse cuenta.

Bastantes años han transcurrido desde entonces. Pasaron aniversarios y cumpleaños, fiestas en el hospital y fiestas en familia, pero NN no ha vuelto a fumar. Ni en momentos de máxima alegría, ni en momentos de depresión.

El éxito obtenido, piensa NN, no puede quedar limitado a una sola persona, ni tan sólo a unos pocos individuos. Es necesario que el método de aquel departamento de desintoxicación esté al alcance de todos los fumadores.

Aquí termina el relato de cómo la voluntad, con la ayuda de la ciencia, logró vencer al tabaco. Y para que sirva de ejemplo, NN renace ahora del anonimato y recobra la personalidad que se escondió tras una cortina de humo.

Ascender desde el anonimato

Ya no hay motivos de vergüenza. Lo que hay son motivos (muchos y muy buenos) de orgullo y de alegría. Por esta razón, dejo el anonimato de las letras NN para asumir mi responsabilidad como médico, como persona y como ex fumador. Y precisamente porque quiero asumir la parte que me corresponde y porque he dejado de fumar, escribo este libro. Lo hago porque estoy convencido de que cualquiera que se lo proponga puede dejar de fumar, sin que su organismo se dé cuenta, con este método de combinar los parches de nicotina con la relajación y la meditación.

Las razones del tabaco

En la mayoría de ocasiones, el hecho de fumar es un fenómeno que comienza en algún momento de la adolescencia. Hay razones para pensar que (al menos hasta ahora) son más los chicos que las chicas quienes prueban el cigarrillo de manera precoz, y que ellos lo hacen a edad más temprana. Sea como sea, estos datos estadísticos, fríos y desapasionados, sólo tienen un valor anecdótico, puesto que no todos los que prueban el cigarrillo de adolescentes se convierten en fumadores de adultos.

Esta información es importante. Se sabe que numerosos adolescentes fuman alguna vez un cigarrillo durante sus años púberes, pero pocos de ellos acaban convirtiéndose en fumadores empedernidos. Esto quiere decir que la mayoría de los jóvenes no insiste hoy día en perseverar con el cigarrillo, y que vale la pena continuar con las campañas antitabaco dirigidas a los adolescentes porque tienen muchas posibilidades de lograr el objetivo que se proponen: el abandono precoz del hábito de fumar. En aras de la exactitud, sólo uno de cada cinco adolescentes persiste en la idea de fumar y acaba siendo, de adulto, un fumador habitual, y generalmente se empieza a fumar antes de los veinte años.

Pasado un tiempo, al fumador adulto le será mucho más difícil desprenderse del tabaco que al adolescente que recién empieza a fumar. Otro problema, de magnitud equivalente, es que los adolescentes también prueban otras drogas (alcohol, anfetaminas, hachís, cocaína, heroína, crack, etc.), de las que deshabituarse será difícil ya desde un comienzo.

Tanto en el caso del tabaco como en el de las otras adicciones, existen métodos eficaces para superar el problema. Para ello hay que ponerse en manos de las personas o instituciones adecuadas y no caer en la presumida tentación de pensar que «puedo dejar esto cuando quiera». En otras palabras, para dejar el tabaco o cualquier otra adicción, debe reflexionarse en el sentido de cumplir cuatro pasos:

• Reconocer que se tiene un problema que no puede solucionar uno solo.
• Reconocer que tiene ganas de solucionar el problema.
• Pedir ayuda a las personas o a las instituciones adecuadas.
• Aceptar la ayuda de esas personas o instituciones.

Los hijos de padres fumadores tienen más posibilidades de iniciarse en el hábito de fumar que los hijos de padres no fumadores, así como de establecer de manera firme y estable la costumbre de fumar, es decir, de fumar de manera habitual y duradera. Ambas razones constituyen otro argumento poderoso para que los padres dejen de fumar.

Para evitar dar un mal ejemplo y el cargo de conciencia o la responsabilidad que esto conlleva, ciertos colectivos de personas tienen una obligación mayor para dejar de fumar. Me refiero antes que nada a los profesionales de la medicina y de la enfermería, pero también a maestros y profesores, actores y cantantes de moda, políticos, fuerzas de seguridad, bomberos...

ESTADÍSTICAS Y REALIDAD

Por qué un adolescente comienza a fumar

Excepto por la influencia negativa de la propaganda a favor del tabaco, no hay ninguna razón sólida que permita saber por qué un adolescente comienza a fumar. Pero razones menos sólidas sí existen.

Preguntados, los adolescentes reconocen que empiezan a fumar por imitar a quienes les sirven, involuntariamente, de ejemplo. Porque dicen que les gusta, por saber de qué se trata, por envalentonarse, por parecer mayores, porque sí...; parece que ni ellos mismos lo saben, como suele ser natural en esta época de la vida.

En definitiva, lo más probable es que los adolescentes comiencen a fumar porque son inducidos por la publicidad.

Quién fuma

Hace muchos años que la costumbre de fumar dejó de ser patrimonio de ciertos grupos sociales o culturales. Hoy fuman los ricos y los pobres, las mujeres y los hombres, los que trabajan y quienes no lo hacen, los que tienen estudios superiores o estudios básicos, las amas de casa y las ejecutivas, los que están estresados y los que no lo están... En fin, no hay un colectivo que sea particularmente más fumador que otro.

En relación al problema del tabaco, las estadísticas reflejan los siguientes datos:

- Cinco de cada diez fumadores tienen entre 15 y 35 años de edad.
- Dos de cada diez fumadores tienen entre 40 y 60 años de edad.
- Siete de cada diez fumadores quieren dejar de fumar.

Qué fuman los fumadores

Casi todos los fumadores fuman cigarrillos. Una pequeña minoría consume puros, otros fuman tabaco de pipa y un grupo reducido lía sus propios pitillos. Los cigarrillos largos (de 100 mm) y los extralargos (de 120 mm) tienen menos éxito que los de longitud habitual; los denominados «mentolados» tampoco gozan de mayor éxito entre los fumadores.

Cuánto fuman los fumadores

Considerando el conjunto de todos los fumadores de cigarrillos, el promedio de consumo al día se sitúa entre 16 y 17 cigarrillos. Algo más de la mitad fuma tabaco rubio, un tercio prefiere el tabaco negro, y el resto alterna entre uno y otro. El consumo de tabaco rubio va aumentando en relación al tabaco negro, un fenómeno debido, muy probablemente, a la publicidad.

Por qué fuma un fumador

Esta pregunta no tiene una respuesta lógica porque no hay ninguna razón racional para fumar, de la misma manera que no hay ningún argumento cuerdo para pellizcarse o para darse de palos en la cabeza. Sin embargo, si se preguntase a un fumador por qué fuma, podrían obtenerse las siguientes respuestas:

- Porque me gusta.
- Porque el cigarrillo me acompaña.
- Porque fumando me siento mejor.
- Porque tengo ganas de fumar.
- Porque no puedo estar sin fumar.

En el fondo, lo reconozca o no, el fumador fuma por las dos últimas razones: porque tiene ganas de fumar y porque no puede estar sin fumar. Tener ganas de fumar y no poder estar sin fumar conforman un mismo argumento expresado con palabras distintas. En ambos casos está presente la dependencia a la nicotina.

¿Por qué bebe el alcohólico? Si se le pregunta dirá que bebe porque le gusta y porque no puede estar sin beber, de lo que se interpretará que bebe porque tiene una dependencia al alcohol. ¿Por qué consume cocaína el cocainómano? Si se le pregunta dirá que porque le gusta y porque no puede estar sin esnifar cocaína, de lo que se interpretará que esnifa porque tiene una dependencia a la cocaína.

Por supuesto, nicotina, alcohol y cocaína no son lo mismo, ni es igual la dependencia a cada una de estas sustancias. Pero en los tres casos existe una dependencia, tanto psíquica como física. Este tema es áspero y espinoso, pero resulta clave para entender por qué fuma el fumador:

- Fuma porque no tiene más remedio que fumar.
- Fuma porque padece una enfermedad denominada «dependencia a la nicotina» o «tabaquismo».

Los diferentes puntos que siguen en este capítulo irán aclarando, poco a poco, el tema de la dependencia a la nicotina. Pido que el fumador que esté leyendo estas líneas continúe con la mentalidad abierta, que permanezca con buena predisposición, que no se encierre con un «no puede ser» o un «este no es mi caso».

El fumador, ¿culpable o víctima del tabaco?

La sociedad insiste en marginar a los fumadores. Pretende aislarlos y para ello los separa y los recluye en zonas especiales, precisamente las menos ventiladas de un local, las que están en el rincón. Estamos de acuerdo en que el no fumador tiene derecho a respirar aire sin humo de tabaco, pero también el no conductor tiene derecho a respirar el aire sin el humo de los automóviles.

Las libertades y los derechos de unos no acaban donde comienzan los del vecino: hay una zona en que los derechos de unos invaden los derechos de los otros. El mismo daño que puede producir a la sociedad un fumador que fuma puede provocarlo un conductor que lleva un automóvil que contamina el ambiente, o la fábrica que elimina humos por sus chimeneas. No

LA «CULPA» DE LA SOCIEDAD

La sociedad en la que vive el fumador debe asumir su parte de culpa. Su culpa reside en que acepta disfrutar del dinero procedente de la venta de tabaco, pero no acepta al fumador. Esto constituye una contradicción flagrante, una paradoja cruel. ¿Quién es más culpable: el fumador por fumar o la multinacional tabaquera por hacer publicidad para que fume?

se trata ahora de saber quién tiene más derecho a qué, sino de analizar qué derecho tiene la sociedad sobre el fumador.

La sociedad margina a los fumadores porque no quiere respirar el aire contaminado con humo de tabaco. Al menos eso es lo que se dice. Si fuera verdad, la sociedad tendría razón, pero el problema reside en que esto no es cierto por completo. La sociedad margina a los fumadores porque no quiere soportarlos, pero quizá le importe bastante poco si respira un aire no tan puro en las grandes ciudades. ¿Acaso la sociedad margina a los industriales que, con sus fábricas, contaminan el ambiente?

La misma sociedad que se rasga las vestiduras y exige que el fumador fume en los rincones, permite con toda libertad y sin ningún escrúpulo que las empresas tabaqueras patrocinen los eventos deportivos que siguen sus hijos. En este caso, nadie echará las culpas a la multinacional que hizo propaganda subliminal del tabaco, sino al infeliz que es víctima de esa publicidad, es decir, al fumador.

La sociedad se rasga las vestiduras, se escandaliza y expulsa al fumador de su entorno, pero acepta que los servicios de transporte público, por ejemplo, se paguen en parte con los impuestos estatales recaudados con la venta de tabaco. En otras palabras, el fumador, al que la sociedad margina, paga con su salud y con su dinero una parte de los beneficios sociales que la comunidad recibe en conjunto, pero en este punto nadie quiere cuestionarse si este dinero viene de aquí o de allá.

La sociedad margina a los fumadores porque se niega a ver que el fumador no es el culpable de fumar, sino la víctima de una sociedad que lo indujo a fumar a través de ciertas costumbres sociales (propias de la adolescencia) y de la publicidad del tabaco.

¿Qué es más fácil: marginar al fumador o luchar contra las multinacionales del tabaco? Esta pregunta sólo recoge una respuesta: es más fácil marginar al pobre infeliz que fuma porque no sabe cómo dejar de fumar y a menudo no conoce quién y dónde pueden ayudarlo. Ya sé que existen excepciones (en todos los ámbitos las hay), pero numerosos estudios científicos demuestran que siete de cada diez fumadores quieren dejar de fumar, aunque no lo consiguen.

Las multinacionales tabaqueras generan tantas ganancias que se han convertido en entes todopoderosos. Sus arcas almacenan tanto dinero y poder que consiguen acallar las voces que reclaman justicia. Con el poder y el dinero silencian el lamento de quienes padecen enfermedades provocadas por el tabaco.

La sociedad y sus gobiernos aceptan que las multinacionales que fabrican y venden cigarrillos hagan publicidad, en la cual se gastan fortunas inmensas. ¿Para qué hacen publicidad? Para inducir al no fumador a comenzar a fumar (por ejemplo, al adolescente) y para inducir al fumador a seguir haciéndolo. Entonces, por un lado, se aceptan las estrategias destinadas a inducir a la gente a fumar pero, por otro, se rechaza a la gente que fuma.

Hay que hacer un sincero examen de conciencia y preguntarse por qué la sociedad margina al fumador y, al mismo tiempo, rinde pleitesía al dinero generado por el tabaco. También hay que preguntarse: ¿a quién margina la sociedad: al fumador o al ejecutivo de una multinacional tabaquera?, ¿quién es más culpable?

Dos adolescentes reciben el mismo caudal de propaganda a favor del tabaco; uno acaba siendo un fumador empedernido, y el otro, no. ¿Por qué? Porque no somos máquinas ni la publicidad logra que todos los que la reciben terminen haciéndole caso. Hay personas más sensibles que otras, adolescentes más influenciables que otros, chicos más seguros que otros... La familia y el entorno también tienen mucho que ver en esto. La adolescencia constituye una etapa particularmente vulnerable y frágil del proceso de aprender a vivir.

Volvamos a la pregunta del principio: el fumador, ¿es culpable de fumar o la víctima del tabaco? En mi opinión, el fumador es la víctima del tabaco por dos argumentos:

• El fumador (actual o futuro) es el blanco y el objetivo de las campañas publicitarias de las multinacionales tabaqueras, que lo inducen a comenzar a fumar o a seguir fumando. Múltiples y muy sutiles son las estrategias publicitarias para lograrlo, tanto, que es difícil zafarse de ellas.

• La nicotina contenida en los cigarrillos crea una adicción psíquica y física, médicamente comprobada, que induce al fumador a seguir fumando e, incluso, a fumar cada vez más. Y cuanto más fume, mayor será su adicción.

El primer argumento ha quedado suficientemente demostrado en las líneas precedentes y no merece más comentario que una franca invitación a reflexionar sobre este problema. Este análisis recuerda otro conflicto similar: los países que claman por la paz mundial son los que venden armas a los países menos desarrollados. Los países que fabrican las armas luego se rasgan las vestiduras reclamando la paz.

No exagero ni un ápice: las muertes provocadas por causas relacionadas con el tabaco (cáncer, infarto, hipertensión, enfisema, asma, etc.) superan ampliamente a las provocadas por las guerras. Sin embargo, y aunque el fumador es una víctima del tabaco, sin lugar a dudas, esto tampoco lo autoriza a seguir fumando.

El tabaco, ¿vicio o enfermedad?

El segundo argumento, por su parte, motiva las líneas que siguen. Para responder a la pregunta del título hay que entrar en cuestiones bastante espinosas: ¿qué es una dependencia?, ¿qué es una adicción?, ¿qué es una droga?, ¿qué se entiende por vicio?, ¿que es una enfermedad?...

No pueden admitirse definiciones de quienes se creen expertos sin serlo, ni tampoco pueden tolerarse opiniones sin fundamento. Para responder a preguntas tan cruciales como las planteadas, lo mejor es consultar con la máxima autoridad mundial en el ámbito de la salud: la Organización Mundial de la Salud (OMS). La OMS es un organismo internacional fundado en 1946, con sede en Ginebra y dependiente de la Organización de las Naciones Unidas (ONU). Tiene como meta llevar a todos los pueblos del mundo el mayor nivel de salud que sea posible. Se organiza a través de una Asamblea Mundial, que se reúne anualmente, y de un Consejo Ejecutivo elegido por dicha asamblea.

En su reunión de 1964, la OMS dejó bien establecido el significado de «dependencia»:

Un estado de intoxicación crónica producido por el consumo repetido de una droga (natural o sintética) y caracterizado por un deseo insaciable de seguir consumiéndola y por una tendencia a aumentar la dosis.

Según esta definición, el fumador presenta una dependencia del tabaco porque:

• Su estado de intoxicación es crónico.
• Consume una droga natural (la nicotina).
• Siente un deseo insaciable de seguir consumiéndola.
• Tiende a fumar cada vez más.

La OMS aclara que hay dos tipos de dependencia: la psíquica y la física. Define la dependencia psíquica de esta manera:

El estado en el cual la droga proporciona una sensación de satisfacción que motiva al individuo a repetir el consumo para recibir nuevamente sus efectos y para evitar el malestar de la abstinencia.

La OMS define el estado de dependencia física de este modo:

El estado en el cual aparecen trastornos psíquicos y físicos cuando se suspende la administración de la droga.

Estos trastornos constituyen lo que se denomina «síndrome de abstinencia», que la OMS define así:

El conjunto de síntomas psíquicos y físicos que aparecen cuando se suspende de forma brusca el consumo de una droga.

EL FUMADOR, VÍCTIMA DE LA ADICCIÓN

El fumador es una persona que está enferma. Se trata de un hombre o una mujer que adquirió esta enfermedad favorecida por la publicidad y por el mal ejemplo de otros fumadores. El fumador no tiene la culpa de haber enfermado, sino que es el producto de estrategias sutiles y efectivas para inducir a empezar a fumar y a continuar fumando. Muchos de quienes empiezan a fumar no pueden dejar de hacerlo porque la nicotina que contiene el humo del cigarrillo crea una poderosa adicción; lamentablemente, al fumador le costará tiempo convencerse de que es un adicto al tabaco.

Según las definiciones precedentes, el fumador presenta una dependencia psíquica al tabaco porque:

- El cigarrillo le proporciona cierta sensación de satisfacción.
- Esta sensación motiva a la persona fumadora a seguir fumando.
- El fumador no quiere «ponerse nervioso» cuando está sin tabaco.

Pero también padece una dependencia física y un síndrome de abstinencia al tabaco porque, si deja bruscamente de fumar, presenta:

- **Síntomas psíquicos:** nerviosismo, mal humor, enfado fácil, hambre, sed...
- **Síntomas físicos:** insomnio, estreñimiento, bradicardia, aumento de peso...

La dependencia es más poderosa y el síndrome de abstinencia puede ser más intenso en caso de consumir otras drogas, como alcohol, heroína, cocaína, crack, anfetaminas, alucinógenos, hachís...

En el sentido más generalizado del término, ya ha quedado bien establecido que una droga es:

Toda sustancia química (pura o mezclada), no necesaria para el mantenimiento de la salud y cuya administración modifica estructuras biológicas del organismo; se trata de sustancias de uso no médico, que pueden ser autoadministradas, que generan dependencia y que provocan un comportamiento orientado a buscarlas.

La misma OMS continúa llamando a las cosas por su nombre y denomina «droga de abuso» al:

Uso excesivo, continuado o esporádico, de la droga, lo que resulta incompatible con una vida saludable.

Según estas definiciones, el tabaco es una droga por los siguientes motivos:

- No resulta necesario para el mantenimiento de la salud humana.
- Modifica estructuras biológicas: puede causar enfisema, cáncer, infarto...
- Su uso es no médico.
- Puede autoadministrarse.
- Genera dependencia.
- Provoca un comportamiento orientado a fumarlo.

Pero el tabaco también puede considerarse una droga de abuso porque:

- Su uso puede ser continuado o esporádico.
- Resulta incompatible con una vida saludable.

Por otro lado, el *Diccionario Médico Roche* recoge la definición de adicción:

La dependencia compulsiva hacia la satisfacción de una pulsión, a despecho de la pérdida de la autoestima y de la consideración del entorno. Es un estado de intoxicación crónica que se caracteriza típicamente por el deseo preponderante de conseguir la droga, por la tendencia a aumentar la dosis y por la aparición de un síndrome de abstinencia si se deja de consumir. El hábito es el primer paso de la adicción.

El diccionario también indica que una sustancia o droga adictiva es «aquella cuyo consumo lleva a la adicción», y que una drogodependencia constituye «la dependencia física o psíquica a una o más drogas».

Dentro del capítulo de las drogodependencias, la OMS incluye las siguientes sustancias:

- **Opiáceos:** drogas derivadas del opio, como heroína, meperidina, morfina...
- **Cocaína.**
- **Cannabis:** marihuana y hachís.
- **Anfetaminas:** éxtasis y similares.
- **Alucinógenos:** LSD y similares.
- **Ciertos medicamentos:** barbitúricos, sedantes, hipnóticos...
- **Alcohol:** bebidas alcohólicas.
- **Tabaco:** se incluye en la categoría de «droga blanda».

Respecto a las sustancias mencionadas, la meperidina, la morfina, los barbitúricos, los sedantes y los hipnóticos constituyen excelentes medicamentos cuando se administran en dosis correctas, por las razones adecuadas y bajo control del médico, pero se convierten en drogas peligrosas cuando su consumo es irresponsable, descontrolado o injustificado.

Según las definiciones que proporcionan la OMS y el *Diccionario Médico Roche*, el tabaquismo constituye:

Una enfermedad provocada por la adicción a la nicotina, cuyos síntomas son la dependencia física y psíquica al tabaco, y el síndrome de abstinencia si deja de consumirse la droga.

Entonces, queda claro que fumar es una enfermedad y no un vicio. Fumar no constituye un vicio porque el hábito en cuestión no se adapta a la definición de esta palabra. La Real Academia de la Lengua define el vicio como «una disposición habitual al mal, una costumbre o apetito morboso, un hábito contrario a las normas de buena educación», y define a un vicioso como el individuo «que está lleno de vicios o dominado por ellos».

Por otro lado, la palabra «vicio» ni siquiera figura en el *Diccionario Médico Roche* y no está registrada en la Clasificación Internacional de Enfermedades. Entonces, queda claro que fumar no es un vicio sino, con la ciencia en la mano, una enfermedad.

La OMS considera que un fumador es toda persona que ha fumado uno o más cigarrillos diarios, todos o casi todos los días, durante el último mes. Con esta definición, nadie se puede excusar diciendo que no es un fumador porque fuma poco.

DEJAR DE FUMAR, ¿OPCIÓN U OBLIGACIÓN?

Aunque hay bastantes y muy crueles excepciones, vivimos en un mundo donde las libertades se respetan en mayor o menor medida. Todos gozamos de cierto grado de libertad aunque, naturalmente, respetamos los límites que separan la propia libertad de la ajena. No obstante, y como ya sabemos, hay territorios donde las libertades deben compartirse si queremos vivir en armonía y buena vecindad.

Y entre las libertades que posee un fumador, por ejemplo, está la de plantearse si deja o no de fumar. Pero antes de enfrentarse a este interrogante, deberá preguntarse si el abandono del tabaco constituye una opción (es decir, algo que uno puede elegir con toda libertad, tal como se escoge el color de unos calcetines) o si se trata más bien de una obligación. Para resolver este dilema, pondré tres ejemplos comparativos.

En primer lugar, el enfermo que padece una gripe, ¿tiene la opción o la obligación de curarse? Tiene derecho a ambas cosas. Tiene la opción: puede escoger entre hacer todo lo que su médico le indique y así tener el máximo de posibilidades de curarse, o bien puede escoger abandonarse a sí mismo y curarse solo, o bien empeorar por alguna de las complicaciones de la gripe. El primer comportamiento sería el normal y lógico, mientras que el segundo no sería propio de una persona cuerda.

También tiene la obligación: si se trata de alguien que posee responsabilidades como esposo, padre de familia, empresario, trabajador o simplemente como ciudadano, no cabe duda de que tiene la obligación de poner de su parte todo lo necesario para alcanzar la curación de la manera más rápida y eficaz posible.

En segundo lugar, una mujer que padece cáncer de mama, ¿tiene la opción o la obligación de curarse? Aquí también la persona tiene derecho a ambas posibilidades, pero la enfermedad, por sí misma, puede arrebatarle una de ellas porque, como se sabe, el cáncer se puede curar en algunos casos, y en otros, no. En otras palabras, quizá la paciente esté en condiciones de elegir entre intentar curarse o no intentarlo, pero también puede ser que no tenga posibilidad de escoger porque el cáncer ya esté muy avanzado.

Disponga o no de la opción, ¿tiene la obligación de intentar curarse? A poco que ame a sus seres queridos, a poco que ame la vida misma, tiene la obligación de intentar curarse. Pero también puede suceder que el cáncer esté tan avanzado que la paciente no tenga ninguna posibilidad de curarse, que esté en situación terminal. En este caso, lógica y lamentablemente, no vale la pena que la paciente del ejemplo se realice pregunta alguna.

Por su parte, un fumador, ¿tiene la opción o la obligación de dejar de fumar? Como en las dos situaciones anteriores, el fumador es libre y tiene derecho a ambas posibilidades. Puede optar entre seguir fumando (es decir, seguir enfermo) o poner los medios necesarios para dejar de fumar (es decir, hacer lo que corresponda para curarse). El primer comportamiento sería el normal y lógico.

También tiene la obligación de hacer lo que sea para superar su enfermedad. Efectivamente, a poco que este fumador, hombre o mujer, tenga una razón para vivir, ya se encontrará con que tiene la obligación de dejar de fumar: porque ama a sus semejantes y porque sus semejantes lo aman a él o ella.

Sería bueno que el fumador del tercer ejemplo hiciera algo pronto, lo más pronto posible. ¿Por qué tantas prisas?; si hace años que fuma, no le vendrá de una semana ni de un mes...

Sin embargo, las prisas están justificadas en las personas que fuman. Deben ejercer cuanto antes su derecho a responderse, a sí mismas, si dejar de fumar es una opción o una obligación. Si tardan más de la cuenta, pudiera ser que un enfisema, un cáncer o un corazón deteriorado les negaran el derecho a escoger.

Pudiera ser también que, por demorarse mucho, por retrasarse con un «mañana empiezo» que nunca llega, aparezca la situación en que, lógica y lamentablemente, ya no valdría la pena plantearse opción alguna.

Problemas provocados
por el tabaquismo

Hoy día nadie pone en duda que el consumo de tabaco en cualquiera de sus formas acarrea consecuencias negativas para la salud de las personas, tanto del que fuma como de quienes están a su alrededor (fumadores pasivos). En efecto, la ciencia afirma, desde hace décadas, que el hábito de fumar es una costumbre muy peligrosa para la salud.

Dedicaremos este capítulo a analizar las razones por las que el tabaco es dañino para la salud. Estudiaremos las enfermedades producidas por la costumbre de fumar (la tos del fumador, las enfermedades crónicas del pulmón, el cáncer y los trastornos arteriales).

Este estudio será objetivo y desapasionado, es decir, tal como el lenguaje científico las analiza. No habrá exageración alguna, pero tampoco ningún elemento menospreciado, y los argumentos serán valorados en su justa medida.

La razón para proceder de esta manera resulta sencilla: se trata de que tenga todos los elementos científicos en la mano para que luego pueda tomar una decisión en consecuencia. La finalidad es que esta decisión sea objetiva y adulta, basada en hechos reales y concretos.

Pese a ser totalmente científico, este no pretende ser un libro de medicina. Tampoco pretende reemplazar al médico, puesto que su labor es insustituible; al contrario, todos los problemas de salud, relacionados con el tabaco o sin relación con él, deben ser consultados con el médico y no con un libro.

Con buena luz, intensa y natural, mire el color del humo del cigarrillo que está fumando. Observe con sumo detalle, pues se trata de apreciar dos colores distintos. El humo que se desprende del extremo del cigarrillo donde está encendido, la brasa, es de un color gris azulado. En cambio, el color del humo que se exhala (el que sale por la boca) tiene otro color, un tono gris ceniciento, opaco, sin aquella tenue coloración azulina. De momento no interprete nada, pero vaya pensando que, evidentemente, el humo se modifica al entrar y salir de los pulmones y de los bronquios.

La entrada y la salida del humo del cigarrillo al aparato respiratorio provoca que las sustancias y las partículas del humo estén en contacto con la delicada naturaleza interior del pulmón y de los bronquios. Este es un contacto repetido muchísimas veces: cada cigarrillo, cada cajetilla, cada día, cada semana, cada mes, cada año...

«Tanto va el cántaro a la fuente, que al final se rompe», dice el refranero popular en referencia a que quien se expone repetidamente al fuego del peligro, acaba quemándose. En sentido figurado, este refrán viene a cuento porque significa que tanto se expone la delicada naturaleza interior del aparato respiratorio al humo del tabaco, que al final este acaba perjudicándolo.

En otras palabras, el repetido contacto del humo con el interior del sistema respiratorio es lo que causa, de manera directa, las enfermedades derivadas del tabaco: la tos, las enfermedades crónicas del pulmón y el cáncer.

De manera indirecta, la nicotina contenida en el humo del tabaco llega a la sangre y, allí, produce un daño grave a las arterias. Este daño es el responsable de los problemas arteriales que provoca el cigarrillo (angina de pecho, infarto, hipertensión, mala circulación en las piernas...).

¿Qué hay de verdadero y de exagerado en todo lo que se dice sobre el tabaquismo? De verdadero se dicen muchas cosas en los medios de comunicación, todas conocidas: fumar crea adicción, origina varios tipos de cáncer y de enfermedades pulmonares crónicas, provoca infarto y otros problemas arteriales y cardíacos... Y de exagerado, decir que todos los fumadores acabarán con cáncer de pulmón. Resulta exagerado porque no todos lo padecerán allí: algunos lo sufrirán en la laringe o en la vejiga, por ejemplo. Y otros fumadores no acabarán con cáncer, sino con insuficiencia respiratoria por culpa de las enfermedades pulmonares crónicas.

¿Es exagerado afirmar que hay personas más sensibles al tabaco? No, existen personas más sensibles que otras. Para no caer en el peligro de un concepto equivocado, esta afirmación debe interpretarse desde cinco puntos de vista:

- No existen personas insensibles al tabaco.
- Existen personas más sensibles al tabaco que la mayoría de la población.

- Existen personas con mayor tendencia a desarrollar cáncer.
- Existen personas con mayor tendencia a desarrollar infarto.
- Existen personas con mayor tendencia a desarrollar enfermedades pulmonares crónicas.

¿Quiénes son más sensibles al tabaco? La ciencia sabe con seguridad que las personas que padecieron infecciones pulmonares repetidas durante la infancia tienen mayor tendencia a desarrollar problemas del pulmón de adultos, si fuman.

La ciencia también conoce que los individuos que presentan un déficit de alfa-1-antitripsina, una proteína, pueden desarrollar problemas crónicos del pulmón, aun sin fumar. Si se trata de personas que fuman y tienen esta carencia, la enfermedad pulmonar acostumbra a aparecer en edades más precoces. La carencia de esta proteína constituye una enfermedad que se transmite de forma hereditaria.

Se cree que los miembros de la etnia *han* de China y los americanos de origen africano tienen mayor sensibilidad a los efectos nocivos del tabaco. Con todo, la ciencia reconoce no saber todavía por qué muchas más personas de las antedichas presentan una susceptibilidad a las enfermedades provocadas por fumar.

LA TOS DEL FUMADOR

La tos no es una enfermedad, sino el síntoma de una enfermedad. De la misma manera que la diarrea no es una enfermedad en sí misma, sino un síntoma que indica la existencia de un trastorno determinado, la tos es el síntoma que indica la presencia de una enfermedad concreta, que puede ser aguda o crónica, leve, moderada o grave.

Habitualmente, la tos se debe a un problema en el aparato respiratorio, pero también puede producirse a consecuencia de un problema cardíaco, del estómago o del esófago, psicológico, por ciertos medicamentos... Y puede deberse a un proceso infeccioso (gripe, neumonía, tuberculosis, tráqueo-bronquitis, laringitis, pleuritis, absceso pulmonar...) o no infeccioso (tabaquismo, bronquitis crónica, enfisema, asma, cáncer, fibrosis quística, atelectasia, derrame pleural, alergias, embolia pulmonar, insuficiencia cardíaca, contaminación atmosférica, sobrecarga de la voz, efectos del aire acondicionado, presencia de partículas extrañas, mucosidad...).

En los adultos, cuando la tos tiene menos de tres semanas de evolución, recibe el calificativo de «aguda»; cuando tiene más de tres semanas de evolución, recibe el calificativo de «crónica». La tos del fumador, ¿es aguda o crónica? Responda usted mismo, pero resulta evidente que el problema de la tos, en general, no es sencillo.

En particular, debemos tratar la cuestión de la tos del fumador. La tos del fumador no es una tos «normal» porque nunca la tos es algo normal. Lo normal, en todo caso, es no tener tos. Si hay tos, es que algo sucede, sin la menor duda (este «algo sucede» puede ser leve o grave, importante o intrascendente). Por este motivo, que ningún fumador se consuele pensando «tengo tos porque fumo», puesto que esta afirmación resulta un triste engaño, una bomba de relojería, ya que otorga la falsa sensación de tratarse de un problema de poca monta, cuando no es así.

Fumar provoca tos. Para ser exactos, lo que provoca la tos de las personas fumadoras es el daño que ya se ha producido en la delicada naturaleza interior de bronquios y pulmones. Otra cuestión será comprobar si este daño es de poca magnitud, si puede solucionarse, si puede detenerse su evolución o si se trata ya de un proceso irreversible.

La naturaleza fue tan sabia al crear el aparato respiratorio, que lo recubrió interiormente con un delicado revestimiento de células con capacidad de limpieza. Este revestimiento y esta higiénica capacidad garantizan que cualquier partícula extraña sea inmediatamente expulsada mediante un curioso proceso de barrido.

La mucosidad (normal o anormal) también resulta expulsada de esta manera. Si no fuera así, la facilidad de sufrir infecciones del sistema respiratorio sería extraordinaria.

La capacidad de limpieza del aparato respiratorio se basa en que sus células presentan un borde similar al de un cepillo blando, es decir, una infinidad de pequeñísimos pelos (cilios) dispuestos en un solo sentido. Estos cilios se diferencian de los pelos de un cepillo en que se mueven, y siempre en una misma dirección: hacia fuera.

De esta manera, cualquier partícula extraña o la mucosidad propia del sistema respiratorio se expulsan hacia el exterior gracias a que los cilios, por decirlo de una manera gráfica, «barren» hacia fuera. La buena salud de pulmones y bronquios depende, en buena parte, de este sistema de limpieza.

Cuando se trata de la mucosidad normal que constantemente producen los bronquios, el sistema de limpieza de una persona sana la elimina sin que ésta se dé cuenta. Cuando se trata de la abundante mucosidad propia de un cuadro catarral, por ejemplo, el sistema de limpieza del individuo enfermo la elimina ayudándose de la tos.

Pero cuando la mucosidad es abundante y el sistema de limpieza no funciona como debería, ¿qué sucede? Se origina la tos del fumador.

Tos de mañana, tos de tarde

La tos del fumador es, más que una consecuencia del fumar, una secuela. Este tipo de tos tan característica afecta a casi todos los fumadores, aunque estos, al principio, crean que se debe a un resfriado, a una mucosidad que no acaba de curar, a que «esta noche pasé frío», a que «hoy me he levantado con un poco de tos»...

La tos suele ser el primer efecto nocivo del tabaco sobre la salud del fumador. Aunque este intente quitarle importancia, la tos es el primer síntoma que indica que el fumador empieza a caminar por una peligrosa senda.

La tos del fumador se produce por la coincidencia de tres fenómenos patológicos:

- El humo del cigarrillo produce precozmente un estado de inflamación de los bronquios. Estos se defienden produciendo mucosidad; la cantidad de este moco es cada vez mayor porque el factor que produce el daño (el humo) persiste en su intento de agredir el revestimiento interior de los bronquios.
- El humo del cigarrillo va paralizando, poco a poco, los cilios de las células del revestimiento interior de

los bronquios (por este motivo, el sistema de limpieza deja de funcionar como debería). Esta paulatina parálisis trae como consecuencia una progresiva acumulación de mucosidad por la gradual imposibilidad de eliminarla al exterior.

- A consecuencia del exceso de mucosidad y de la dificultad de eliminarla, el individuo tose para intentar liberarse del molesto moco bronquial. La tos siempre es catarral, al principio de poca consideración, pero luego adquiere intensidad conforme pasa el tiempo.

En algunos pacientes, la tos es más productiva por las mañanas, apenas levantarse. En otros es más bien una constante a lo largo del día. En los casos más avanzados, la tos interrumpe una conversación, provoca insomnio, impide realizar ciertos esfuerzos más o menos vigorosos e incluso dificulta poder fumar «en paz».

Los tres fenómenos patológicos descritos permiten insistir en que la tos del fumador aparece cuando ya se ha producido cierto daño bronquial, es decir, no se trata de una «simple tos». Si el tabaco no ha provocado más daños en el pulmón, esta tos del fumador desaparecerá, de manera relativamente rápida, sólo con dejar de fumar. Y si este daño ya está provocado, abandonar el cigarrillo mejorará sensiblemente el estado general del paciente y detendrá la evolución del problema.

Decía que la tos es el primer síntoma que indica que el fumador empieza a caminar por una larga y peligrosa senda. Efectivamente, el problema de la mucosidad que no acaba de marchar, las infecciones que en consecuencia se repiten, y la persistencia del hábito de fumar, llevan el aparato respiratorio hacia un estado patológico más avanzado, el de las enfermedades crónicas del pulmón.

Otras causas de tener tos

Cualquier persona que fume tiene todo el derecho a resfriarse, a agarrar una gripe o a padecer una bronquitis aguda. Y a tener tos por culpa de ese resfriado, esa gripe o esa bronquitis aguda. Lo que quizá no sepa es que sólo por ser una persona fumadora, sus posibilidades de enfermar son mayores. También tiene más probabilidades de que su resfriado, su gripe o su bronquitis evolucionen de manera más lenta, virulenta y con mayores complicaciones.

En otras palabras, las enfermedades respiratorias son más probables y tienen mayor posibilidad de hacerse más prolongadas, intensas y con más complicaciones en los fumadores que en los no fumadores. Si la persona deja de fumar antes de que su pulmón se vuelva irrecuperable, sus posibilidades de padecer enfermedades respiratorias volverán a ser iguales que las de un individuo que no fuma. Pero aun en el peor caso, el enfermo notará clara mejoría.

Quizá sea fácil distinguir entre la tos del fumador y la tos del fumador que está con gripe, pero ¿cómo distinguir la tos del fumador de la tos del fumador que tiene tuberculosis, bronquitis crónica, enfisema o cáncer?

El otro gran problema de la tos del fumador es que puede ocultar, en su aparente inocencia, algo mucho más grave de lo que parece.

ENFERMEDADES CRÓNICAS DEL PULMÓN

Con el nombre de enfermedades crónicas del pulmón se hace referencia a dos situaciones clínicas:

- Bronquitis crónica.
- Enfisema.

Se trata de dos trastornos distintos, pero que aparecen juntos en la mayoría de fumadores que los padecen. Si bien pueden ser provocados por otras causas, el tabaco es la razón más importante, con mucho, por la cual una persona puede terminar padeciendo esas dos enfermedades.

Como enfermedad pulmonar obstructiva crónica (EPOC) definen los científicos el enfisema o la bronquitis combinados con la dificultad crónica para respirar, técnicamente denominada «limitación crónica del flujo aéreo» (LCFA).

De esta manera, el paciente que tiene una EPOC es aquel que presenta una de las siguientes situaciones clínicas:

- LCFA + enfisema.
- LCFA + bronquitis crónica.
- LCFA + bronquitis crónica + enfisema.

Las tres situaciones suelen ir asociadas, puesto que casi todos los pacientes con enfisema padecen LCFA, casi todos los pacientes con bronquitis crónica también padecen LCFA y casi todos los pacientes con enfisema sufren también bronquitis crónica (y viceversa). Como puede apreciarse, el mundo de las enfermedades crónicas del pulmón es complejo porque los afectados padecen varios trastornos a la vez (algo de bronquitis crónica, algo de enfisema y algo de LCFA).

La enfermedad aparece de manera paulatina, muy poco a poco. En general se cree que hace falta fumar más o menos una cajetilla al día durante unos 20 años para que aparezca este trastorno. ¿Hay fumadores que fumen 20 cigarrillos diarios durante más de 20 años? Otra vez le invito a que responda usted mismo.

Algunos pacientes asmáticos, fumadores o no fumadores, también presentan LCFA. En las líneas que siguen encontrará la explicación detallada de la bronquitis crónica y el enfisema, por un lado, y del asma bronquial, por otro.

Bronquitis crónica y enfisema

Aunque un mismo paciente suele tener ambos trastornos al mismo tiempo, el enfisema es distinto de la bronquitis crónica. La bronquitis crónica se caracteriza por tos productiva, catarral, durante tres meses, en dos años seguidos como mínimo. Se debe a un notable aumento de la producción de mucosidad en la tráquea y en los bronquios más grandes. Es una enfermedad típica de los fumadores.

Al principio, la bronquitis crónica no provoca LCFA, es decir, dificultad crónica para respirar; en este momento, la evolución de la enfermedad será favorable si el paciente deja de fumar. En una etapa más avanzada, esta enfermedad sí produce LCFA, en cuyo caso el pronóstico es más reservado. Aun así, dejar de fumar ayudaría sensiblemente en la evolución general y en evitar las infecciones.

El enfisema también es típico de los que fuman desde hace años. Se debe a la rotura de los delgados tabiques que separan, en el pulmón, los minúsculos espacios que normalmente se llenan de aire en cada inspiración y que luego se vacían en cada espiración. La consecuencia es que, con el tiempo, el aire encuentra cada vez mayor dificultad para salir al exterior; como cada vez hay más aire que no puede salir, cada vez entra menos aire en el pulmón, puesto que uno no deja espacio al otro.

Precozmente, el enfisema provoca dificultad crónica para respirar, lo que hace que su pronóstico sea reservado. Aun así, dejar de fumar también ayudaría sensiblemente en la evolución general y en evitar las infecciones.

Como se ha esbozado, tanto la bronquitis crónica como el enfisema son situaciones que favorecen las infecciones pulmonares. Repetidas una y mil veces, estas infecciones ensombrecen el pronóstico de ambas enfermedades porque constituyen complicaciones, que pueden ser leves, moderadas o graves según el estado general del paciente y el nivel de su capacidad respiratoria.

El asma bronquial

El asma bronquial constituye una enfermedad completamente distinta de las anteriores, aunque un paciente asmático puede padecer, además, bronquitis crónica y enfisema. En este caso, sea fumador o no, si además presenta LCFA deberá ser considerado un paciente con EPOC. El asma de las personas fumadoras tiende a evolucionar de manera desfavorable.

EL PULMÓN A TRAVÉS DEL MICROSCOPIO

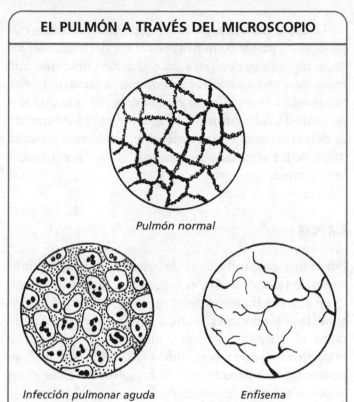

Pulmón normal

Infección pulmonar aguda   *Enfisema*

La visión del pulmón normal permite apreciar los delgados tabiques que separan los minúsculos espacios que se llenan de aire en cada inspiración y que luego se vacían en cada espiración. La visión del pulmón con una infección aguda (neumonía, en este caso) muestra que aquellos tabiques están inflamados y que los espacios de aire contienen numerosos glóbulos blancos, encargados de controlar la infección. La visión del pulmón que presenta enfisema permite apreciar la rotura masiva de la mayoría de tabiques por donde deberían circular los glóbulos rojos para llenarse de oxígeno. También se aprecia la cantidad de aire atrapado dentro del pulmón.

La causa del asma no es el cigarrillo, pero una crisis de asma puede comenzar por culpa del humo del tabaco, siquiera sea en poca cantidad. Recuerde que una crisis de asma puede representar una situación leve, moderada o grave. Como es obvio, la persona que tiene asma no debe fumar, y es igualmente obvio que no se debería fumar en un ambiente donde está o estará presente un asmático, ante la posibilidad de provocarle una crisis.

CÁNCER

Por la probable influencia de oscuros intereses económicos, la relación entre el tabaco y el cáncer fue puesta en entredicho hasta hace unos pocos años. Al principio, la población se resistía a admitir que el cigarrillo pudiera provocar cáncer. Viendo por ejemplo a Humphrey Bogart fumando en *Casablanca*, ¿cómo podía ser un hábito nocivo si fumaban los ricos y los famosos del mundo entero?

Sin embargo, hoy día, las cosas están claras. Se sabe positivamente y sin ningún género de dudas que fumar provoca cáncer. Las investigaciones que lo demuestran son incuestionables; tanto, que negarse a aceptar esta realidad sería, además de algo ingenuo y necio, una grave falta de responsabilidad hacia la propia salud.

Naturalmente, el tabaco no provoca cáncer a todas las personas que fuman. Para ser exactos y tener una idea de la magnitud del problema, se puede asegurar:

• De cada cinco varones que padecen cualquier forma de cáncer (pulmón, próstata, estómago, colon, piel, páncreas, laringe, etc.), en dos de ellos el tabaco constituye la causa directa o indirecta.

• De cada cinco mujeres que padecen cualquier forma de cáncer (pulmón, mama, estómago, cuello uterino, piel, endometrio, etc.), en una de ellas el tabaco constituye la causa directa o indirecta.

La intención del autor de estas páginas no es asustar a nadie, sino exponer los hechos como son. Fumar cigarrillos puede provocar cáncer. La pipa, los puros, los habanos y los cigarrillos de liar también pueden producirlo. La profundidad de la fumada y el tipo de tabaco tienen alguna influencia, pero mucho más importante será recordar que:

• cuantos más años lleve fumando, y
• cuantos más cigarrillos fume al día,

mayor será la posibilidad de desarrollar cáncer. En otras palabras, quien deje de fumar hoy tendrá menos posibilidades de padecer cáncer que quien deje de fumar mañana.

El tabaco no es la única causa del cáncer, ni tan sólo es la única causa del cáncer de pulmón. Se sabe que hay otros factores que pueden favorecer la aparición de esta enfermedad, pero ninguno que se pueda evitar tan fácilmente como el cigarrillo. Y pese a las múltiples investigaciones, todavía existen muchos puntos oscuros en el tema de la formación y desarrollo del cáncer.

Los individuos en cuyas familias existen antecedentes de personas con cáncer (abuelos, padres, hermanos) tienen mayores posibilidades de desarrollar esta enfermedad en relación con individuos sin antecedentes familiares. Pero, para no caer en una falsa sensación de victoria, conviene recordar que siempre hay una primera vez, es decir, siempre hay un primer individuo con cáncer en una familia. Por estos motivos, unos y otros deben extremar las medidas para prevenir cualquier forma de cáncer.

La costumbre de fumar puede provocar cáncer de pulmón, pero además puede originarlo en la garganta, en la vejiga, en el páncreas y en el riñón. También hay razones para pensar que podría favorecer el desarrollo de ciertas formas de leucemia.

Cáncer de pulmón

Los tumores pulmonares pueden desarrollarse tanto en el pulmón como en los bronquios. Por esta razón, sería más correcto hablar de tumores broncopulmonares en lugar de pulmonares. No obstante, y para no complicar un tema ya de por sí complejo, continuaré refiriéndome a ellos como tumores pulmonares.

Los tumores pulmonares constituyen un grupo numeroso de enfermedades que se clasifican en dos categorías:

- **Tumores primarios.** Son aquellos cuyo origen y desarrollo se halla en el pulmón. Pueden ser benignos o malignos (la mayoría). Dentro del grupo de los malignos, algunos presentan un bajo grado de malignidad, otros son intermedios y otros poseen un alto grado de malignidad.
- **Tumores secundarios.** Son aquellos cuyo origen radica en otra parte del cuerpo (colon, páncreas, mama, riñón, cuello uterino, etc.), pero que pro-

vocan metástasis en el pulmón. A su vez, un tumor puede ser primario en el pulmón, pero si tras un tiempo produce metástasis en el cerebro, por ejemplo, también será un tumor secundario de cerebro.

El cigarrillo no tiene relación con los tumores secundarios de pulmón ni con los primarios benignos, pero sí tiene mucho que ver con los tumores primarios malignos. De hecho, el tabaco es responsable de nueve de cada diez tumores malignos del pulmón. Otras causas también pueden provocar esta enfermedad, pero representan la minoría de casos.

En general, cuando el cáncer está provocado por la costumbre de fumar, comienza su desarrollo en los bronquios más grandes, lo que provoca un síntoma característico: la tos. Esta tos va acompañada, en ocasiones, de sangre en la expectoración o de otros síntomas. La tos puede pasar inadvertida si el paciente insiste en no darle la debida importancia a su «tos de fumador».

Recuerde que la tos puede deberse a otras causas y que todos los problemas de salud, sin excepción, deben consultarse con el médico.

Decir «tumor» es lo mismo que decir «neoplasia», pero cuando el lenguaje médico habla simplemente de *neo*, suele referirse a una neoplasia maligna. El carcinoma define una variedad especial de tumor maligno que puede originarse en varios órganos (el lenguaje médico suele denominarlo, simplemente, *ca*). El cáncer de pulmón inducido por el hábito de fumar pertenece a la categoría de carcinomas.

Cáncer de garganta, de vejiga y de otros órganos

Aunque puede estar provocado por otras causas, en la mayoría de casos, el cáncer de garganta se relaciona con el hábito de fumar. Al decir cáncer de garganta me refiero al cáncer de laringe, faringe y esófago, pero también hay que incluir el cáncer de la boca y de los labios.

Desde hace años, los científicos observan que el cáncer de la vejiga urinaria es más frecuente en los fumadores que en los no fumadores. Se cree que este fenómeno se produce porque el cuerpo elimina la nicotina por la orina y, al hacerlo, permite que esta sustancia entre en contacto con la vejiga y produzca un daño no siempre reparable.

También es más probable el cáncer de riñón, de páncreas, de cuello uterino y de estómago en individuos fumadores que en no fumadores, pero la relación causa-efecto no está aquí tan firmemente establecida, al menos de momento. Curiosamente, la única enfermedad que es más probable en personas no fumadoras es el Parkinson.

Aunque quizá sea obvio recordarlo, todos estos tumores son malignos, carcinomas en su mayoría. La prevención adquiere aquí una importancia capital.

PROBLEMAS ARTERIALES

Como se ha dicho con anterioridad, la nicotina está contenida en el humo de la combustión del tabaco y entra en el cuerpo mediante la inhalación que significa el hecho de fumar. Este humo también contiene monóxido de carbono.

Tanto la nicotina como el monóxido de carbono entran en la sangre a través de las células de la boca, los bronquios y los pulmones. Este sistema de entrada no resulta novedoso porque es similar al que utiliza el oxígeno para incorporarse a la sangre; a la vez, representa el camino inverso al que sigue el anhídrido carbónico para salir de la circulación sanguínea.

Dentro de las arterias, el monóxido de carbono se une a la hemoglobina de los glóbulos rojos y dificulta la función de estos de transportar oxígeno desde los pulmones hacia todas y cada una de las células del cuerpo. La nicotina, por su parte, se acumula en el hipotálamo y en otras estructuras cerebrales desde donde se libera, para ser eliminada, al cabo de tres o cuatro días.

Este proceso de entrar en la sangre y actuar de la manera expuesta se repite calada a calada, cigarrillo a cigarrillo, día a día... Mientras permanecen en la circulación sanguínea, la nicotina y el monóxido de carbono actúan sobre la salud de las arterias provocándoles los siguientes problemas:

- Tendencia al espasmo arterial en general.
- Daño en el revestimiento interior de las arterias.
- Aumento en la tendencia a la formación de coágulos (trombosis y embolias).
- Cambios en la circulación sanguínea de las arterias coronarias.
- Disminución del colesterol «bueno» en la sangre (colesterol HDL).
- Aumento del colesterol «malo» en la sangre (colesterol LDL).
- Incremento en la producción de radicales libres.

- Descenso de los niveles generales de oxigenación del cuerpo.
- Liberación de adrenalina, que se manifiesta en un incremento de la frecuencia cardíaca (taquicardia) y de la tensión arterial (hipertensión).

Todos estos efectos son patológicos y claramente peligrosos. Demuestran que la nicotina y el monóxido de carbono son tóxicos, que tienen la capacidad de empeorar el proceso de arteriosclerosis, una enfermedad de las arterias. Recuerde que la vida sedentaria, los excesos en las comidas, la diabetes y la hipertensión también contribuyen a agravar la arteriosclerosis y sus consecuencias. Y recuerde también que, por ejemplo, si se dañan las arterias del corazón, es el mismo corazón quien acaba dañado.

A su vez, la arteriosclerosis constituye la causa de las más temidas enfermedades del corazón: la angina de pecho y el infarto agudo de miocardio. También es la causa de importantes trastornos en otras arterias del cuerpo: en las piernas, en el cerebro, en el resto de órganos...

Entonces, la nicotina y el monóxido de carbono, a través de su capacidad de empeorar el proceso de arteriosclerosis, constituyen un factor de riesgo muy importante para el sistema arterial en general y para el corazón en particular. Dejar de fumar revierte esta situación.

Factores de riesgo

Tener un factor de riesgo equivale a decir que uno presenta más posibilidades de padecer una enfermedad determinada que si no lo tuviera. Si se pudiese eliminar este factor de riesgo, uno tendría las mínimas posibilidades de padecer esa enfermedad. Algunos factores de riesgo no se pueden eliminar, otros se pueden al menos controlar, y otros, en fin, sí pueden eliminarse. Por ejemplo:

- **Factores de riesgo que no pueden eliminarse:** la edad (las personas mayores de 50 años tienen más probabilidad de padecer arteriosclerosis que las personas de 40-50 años) y el sexo (los varones tienen más posibilidades de desarrollar angina de pecho).
- **Factores de riesgo que pueden controlarse:** diabetes, hipertensión y colesterol (los tres trastornos favorecen la aparición de infarto agudo de miocardio).
- **Factores de riesgo que pueden eliminarse:** la vida sedentaria y el tabaco (ambos aumentan las posibilidades de sufrir enfermedades coronarias, como angina de pecho o infarto).

Recuerde entonces que el tabaco es un factor de riesgo para desarrollar enfermedades coronarias, enfermedades crónicas del pulmón, cáncer (de pulmón, de garganta, etc.) y enfermedades arteriales. Recuerde también que es un factor de riesgo que se puede evitar.

Si un individuo deja de fumar, disminuye sensiblemente su riesgo de desarrollar:

- **Enfermedades coronarias (angina de pecho e infarto).** Esta disminución se produce de forma más o menos rápida (en dos o tres años).
- **Cáncer (de garganta, de pulmón, de vejiga).** Esta disminución se produce de forma paulatina, a lo largo de varios años.

- **Enfermedades crónicas del pulmón (bronquitis crónica y enfisema).** Esta disminución se produce de manera inmediata.

Esto no son hipótesis científicas, sino verdades incuestionables, verdades para detenerse a reflexionar sobre ellas.

Angina de pecho e infarto

El abandono del tabaco constituye la medida más eficiente para la prevención secundaria del infarto agudo de miocardio. Las otras medidas para prevenirlo son también suficientemente conocidas:

- Controlar el colesterol, la tensión arterial sanguínea y la diabetes.

EL EJEMPLO DEL MÉDICO

El papel del médico en el abandono del tabaco por parte de sus pacientes es de gran importancia, en primer lugar, por el rol ejemplificador que debe asumir. El médico debe conocer los antecedentes de tabaquismo de sus pacientes y recordarles constantemente los efectos beneficiosos de abandonar el hábito tabáquico. Debe aconsejar a todos los fumadores que abandonen el consumo de tabaco y ayudarlos en su empeño.

Dejar de fumar no es imposible. En este sentido son útiles los libros informativos y los programas de apoyo, en especial los que incluyen tratamientos con parches de nicotina.

- Practicar un poco de ejercicio con regularidad.
- Eliminar el estrés.
- Disminuir el sobrepeso.

El mecanismo por el cual la nicotina y el monóxido de carbono dañan las arterias del corazón (arterias coronarias) es diferente del que produce cáncer de pulmón o sus enfermedades crónicas. En este último caso hace falta fumar durante bastante tiempo.

En cambio, el daño a las arterias del corazón es inmediato. Las investigaciones más recientes han confirmado algo que ya se sospechaba: un solo cigarrillo es capaz de provocar cambios en la circulación sanguínea de las arterias coronarias. El siguiente cigarrillo vuelve a provocarlos, la siguiente cajetilla repite veinte veces el problema... Y esto tampoco es una hipótesis científica, sino la verdad.

Las arterias del corazón son parte de la vida misma, pues si se obstruyen de forma parcial o transitoria, el enfermo sufrirá una angina de pecho, y si la obstrucción producida es total o duradera, el paciente padecerá un infarto agudo de miocardio.

Mala circulación sanguínea en las piernas

El tabaquismo puede afectar a las arterias de las piernas. No lo hace de forma tan directa como en el pulmón o en el corazón, sino más bien de modo indirecto. Fumar es uno de los factores más importantes a la hora de desarrollar arteriosclerosis, pero no el único; los otros son el colesterol, la vida sedentaria, la diabetes, etc.

La arteriosclerosis constituye entonces la enfermedad que puede dañar directamente a las arterias de todo el organismo, incluyendo las arterias de los miembros inferiores. Este daño puede ser leve, moderado o grave. También existen problemas circulatorios en las piernas debidos a trastornos venosos (varices, por ejemplo); hasta donde se sabe, el cigarrillo no tiene la culpa.

Trastornos sexuales

Aunque es un tema difícil de demostrar por la proverbial discreción que existe sobre el tema, razones científicas permiten suponer que el tabaquismo podría acarrear problemas sexuales en los hombres. No me refiero al varón que fuma de forma ocasional, sino al fumador habitual. Se cree que el tabaquismo podría constituir una de las diversas causas capaces de desencadenar el problema de la impotencia, hoy día denominado «disfunción eréctil».

LOS FUMADORES PASIVOS

El fumador pasivo es aquel individuo que no fuma, pero está expuesto a inhalar el humo del tabaco de quienes están fumando a su alrededor. Las estadísticas indican que, pese a que estas personas respiran una atmósfera contaminada con nicotina, no desarrollan adicción a esta sustancia.

Las estadísticas también indican que el fumador pasivo tiene unas posibilidades algo mayores de desarrollar enfermedades pulmonares que un no fumador (ni activo ni pasivo). Sin embargo, este incremento en el riesgo de enfermar está lejos del que poseen quienes fuman de verdad.

El feto constituye un caso especial de fumador pasivo por su inocencia y su indefensión. Efectivamente, tanto si la madre es fumadora pasiva como activa (peor en este caso, lógicamente), el feto que se desarrolla en el vientre materno sufre porque no recibe todo el oxígeno que debería llegarle. Por tal motivo, su peso al nacer puede ser menor del normal.

Los niños que son fumadores pasivos constituyen otro caso de indefensión. Bebés y niños se exponen a enfermedades de gravedad diversa si sus padres fuman en casa. De mayores, además, dispondrán de un nefasto ejemplo.

El respeto (y el amor) por las personas que se ven obligadas a ser fumadoras pasivas constituye otro argumento para dejar de fumar.

Combinación de dos métodos para dejar de fumar

Desde que se sabe que el tabaco es malo para la salud, varios métodos se han diseñado para dejar de fumar. Los resultados han sido variables: algunos, más efectivos, y otros, en menor grado. Para aumentar los índices de efectividad y poder ofrecer mayores posibilidades al fumador que quiere dejar de serlo, en este libro se propone combinar dos métodos para crear así uno más perfecto. Por separado, ambos son buenos, y juntos, son mejores.

Los parches de nicotina constituyen la clave para dejar de fumar sin darse cuenta. No sé si es el mejor sistema en el mundo, pero sí sé, con toda seguridad, que:

- Es el sistema que me permitió dejar de fumar.
- Es el sistema con que familiares, pacientes y amigos han dejado de fumar.
- Es el sistema con el que muchas otras personas han dejado de fumar, es decir, otros pacientes del departamento de desintoxicación de un gran hospital donde me curaron.

Estos son los mejores avales, las mejores referencias que un sistema puede ofrecer. La experiencia personal y la de muchos otros enfermos de tabaquismo que han conseguido dejar de fumar constituye la garantía más fiable que puede ofrecerse. No hay promesas, entonces, sino un montón de experiencias vitales.

Por otro lado, la meditación y la relajación son un complemento ideal para los parches de nicotina y, al mismo tiempo, los instrumentos más efectivos para tomar plena conciencia de:

- La importancia de dejar de fumar.
- La importancia de estar lográndolo.
- La importancia de haberlo logrado.

Meditación y relajación son dos disciplinas milenarias que se aplican a un problema relativamente moderno. Y ambas se unen a la misteriosa ciencia que esconden los parches en su aparente sencillez. De esta manera, fusionando dos métodos buenos para crear uno mejor, es como será posible dejar de fumar sin darse cuenta:

- **Parches de nicotina** para lograr la desintoxicación progresiva del organismo.
- **Meditación y relajación** para lograr la desintoxicación progresiva de la mente.

Con los parches de nicotina y la práctica de meditación y relajación será posible alejarse definitivamente de la costumbre de fumar. El sistema completo consta de tres fases:

- **Fase de preparación** (tres semanas).

- **Fase de desintoxicación** (tres meses).
- **Fase de mantenimiento** (tiempo variable en función de cada ex fumador).

El sistema de combinar ambos métodos quizá resulte un poco largo, pero es seguro. Los métodos que preconizan la máxima rapidez prometen poco menos que milagros y estos, como se sabe, ya no se producen. Se trata de solucionar un problema que lleva años en evolución, por el que un sistema rápido tendría un índice intolerablemente alto de recaídas apenas dejarlo.

Este sistema combinado para dejar de fumar exige tener paciencia, obediencia al sistema y un poco de fuerza de voluntad. Exige que la persona siga escrupulosamente todas las indicaciones y que cumpla paso a paso cada una de sus etapas. Desobedecer y saltarse partes por tener prisa representa caer en la tentación de las cosas fáciles. Y dejar de fumar de una vez para siempre no es fácil, pero tampoco imposible.

Y porque nada es gratuito en este mundo, el sistema requiere que el candidato ponga de su parte la mejor predisposición aunque su organismo no se dé cuenta de que la nicotina no procede de los cigarrillos, sino de los parches.

Test de Fagerström

Este test está destinado al diagnóstico de la situación de cada fumador en particular. En necesario que cada uno se lo efectúe a sí mismo, con toda sinceridad y honestidad en el momento de contestar. Considere que esta información no tendrá que compartirla con nadie, excepto con su propia conciencia.

Se trata de responder a las siguientes preguntas y de adjudicar a las respuestas un valor en puntos, según la tabla que se expone a continuación:

Una vez ha obtenido el total de puntos que le corresponden, podrá diagnosticar la intensidad de su dependencia a la nicotina:

- **7 o más puntos:** alta dependencia a la nicotina.
- **De 4 a 6 puntos:** moderada dependencia a la nicotina.
- **Menos de 4 puntos:** baja dependencia a la nicotina.

Hecho el diagnóstico, consérvelo en la memoria, pues ahora viene la pregunta crucial:

¿Está preparado para iniciar el camino que lo llevará a dejar de fumar?

Si contesta afirmativamente, ¡bienvenido al método combinado para dejar de fumar!

LOS PARCHES DE NICOTINA

Recuerde que la nicotina entra en el pulmón a través del humo del cigarrillo, y rápidamente se incorpora a la sangre. Recuerde también que esta sustancia se fija durante un tiempo en el cerebro (hipotálamo y otras estructuras cerebrales), donde provoca el efecto de adicción o dependencia. Es la adicción o dependencia lo que lleva a fumar más y más, y es fumando más y más como la misma nicotina y otras sustancias del humo

TEST DE FAGERSTRÖM

Pregunta	*Respuesta*	*Puntos*
¿Cuántos cigarrillos fuma al día?	menos de 10	0
	entre 10 y 20	1
	entre 21 y 30	2
	más de 30	3
¿Le cuesta no fumar en lugares donde está prohibido?	sí	1
	no	0
¿Fuma más por las mañanas?	sí	1
	no	0
¿Continúa fumando aunque esté enfermo?	sí	1
	no	0
¿Qué cigarrillo le cuesta más evitar?	el de la mañana	1
	otro	0
¿Cuánto tiempo transcurre entre que se despierta por la mañana y enciende su primer cigarrillo?	menos de 5 min	3
	menos de 30 min	2
	menos de una hora	1
	más de una hora	0

TOTAL DE PUNTOS . . . .

del cigarrillo tienen la oportunidad de penetrar en el organismo para producir daños.

La clave para entender la eficacia del tratamiento con parches de nicotina reside en admitir cuatro efectos sucesivos generales:

- **Primer efecto.** El parche incorpora nicotina a la sangre en cantidad similar a la que incorpora un fumador de forma habitual, como si fumara. La nicotina es lo que provoca las ganas de fumar. De esta manera, el individuo no siente el deseo de fumar porque la dosis diaria de nicotina está cubierta por la que se recibe a través del parche.
- **Segundo efecto.** Como el individuo no fuma, tampoco recibe las sustancias tóxicas contenidas en el humo del cigarrillo. De esta manera, mejora la tos, la respiración, la percepción de los olores y los sabores, etc. Además, al recibir la nicotina a través del parche y quitarse las ganas de fumar, el fumador se demuestra a sí mismo que es posible vivir sin fumar y sin padecer por ello.
- **Tercer efecto.** En la medida en que se consiguen los dos efectos anteriores, disminuye la cantidad de nicotina contenida en los parches. Así, el cuerpo se desacostumbra a la nicotina y se va desintoxicando.
- **Cuarto efecto.** Se llega a un punto en que la persona ya se acostumbró a no fumar y aprendió que se puede vivir sin cigarrillos y que este nuevo estilo de vida es más agradable y saludable. Esta persona se demostró a sí misma que pudo con un enemigo al que creía poderoso, que aquello que pensaba que era imposible se consigue así sin darse cuenta.

Como ya hemos comentado, el tratamiento de desintoxicación con parches de nicotina tiene tres fases (preparación, desintoxicación y mantenimiento) y se debe pasar por ellas de manera obediente, disciplinada y sin caer en la ingenua tentación de saltarse un paso.

Las distintas fases del sistema están meticulosamente estudiadas y son el resultado de la observación científica de muchos que se convirtieron en ex fumadores. Constituyen la voz de la experiencia.

Fase de preparación

La fase de preparación se basa en predisponerse, tanto de manera física como psíquica, a vivir sin fumar, y también se refiere a ir aprendiendo las técnicas necesarias para evitar el nerviosismo, la ansiedad y el aumento de peso que tal vez aparezcan durante la fase de desintoxicación.

Esta primera fase tiene tanta importancia como las otras dos porque de prepararse adecuadamente depende, en gran parte, el éxito de todo el tratamiento. Esta fase tiene una duración prevista de tres semanas exactamente, ni un día más ni un día menos, y debe comenzar justo un lunes por la mañana.

Atención: durante toda la fase de preparación, usted debe seguir fumando lo mismo que de costumbre, sin disminuir ni aumentar la cantidad de cigarrillos al día.

Cada semana de esta fase cuenta con tres actividades a realizar, cada una de las cuales apunta a prevenir o solucionar un aspecto determinado del proceso de dejar de fumar.

Primera semana

Esta primera semana del plan combinado para dejar de fumar comienza un lunes por la mañana. Todavía no ha llegado el momento de abandonar el tabaco ni de comunicar a otras personas su propósito inquebrantable de dejar de fumar. Por estos motivos, seguirá fumando igual y no dirá nada a nadie.

Los siete días de esta semana están destinados a que comience a reflexionar sobre el problema del tabaco. Hágalo con serenidad, sin apasionamiento ni decisiones drásticas. Aproveche la supuesta tranquilidad que le ofrece el hecho de poder fumarse un cigarrillo, dos, tres o los que quiera. Se trata de pensar sobre un problema de salud y de prepararse, sin prisas pero sin pausas, para afrontarlo.

No caiga en la infantil e ingenua tentación de decir «¡a partir de ahora, no fumo más!», porque esta manera de dejar de fumar, aun habiendo sido efectiva en unos pocos fumadores, tiene un altísimo riesgo de recaídas. Si lleva años fumando, no le vendrán ahora las prisas por tres semanas.

Aparte de reflexionar sobre el tabaquismo, durante esta semana deberá llevar a cabo tres actividades. Las tres son importantes, inexcusables y obligatorias.

Actividad n.º 1

Compre un cuaderno o una libreta de apuntes de 40 o 50 hojas, de formato más bien pequeño y tapas duras y resistentes. Día a día, apunte la cantidad de cigarrillos que fuma y las circunstancias en que lo hace, del siguiente modo:

- Cantidad de cigarrillos fumados antes del desayuno.
- Cantidad de cigarrillos fumados entre el desayuno y la comida.
- Cantidad de cigarrillos fumados entre la comida y la cena.
- Cantidad de cigarrillos fumados después de cenar.
- Cantidad de cigarrillos fumados en total, cada día.

Es necesario ser puntilloso y apuntar el número exacto (o lo más exacto que recuerde) de lo que fuma, sin que esto signifique fumar de más o de menos. Simplemente apunte cuánto fuma. Repita la operación para cada uno de los siete días de la semana, por separado. Luego calcule el total semanal y apúntelo tras fumar el último cigarrillo del domingo de esta primera semana.

La libreta donde conste esta información será privada, sólo suya. Nadie tiene ni tendrá por qué acceder a ella, excepto que usted mismo quiera mostrarla.

El objetivo de esta primera actividad consiste en tomar plena conciencia de la magnitud de lo que se fuma, pero no en términos de «mucho» o «poco», sino en términos objetivos, en números concretos. Olvídese de si fuma mucho o poco: a partir de ahora, usted fuma tantos cigarrillos al día y tantos a la semana.

«Mucho» y «poco» constituyen conceptos subjetivos que pueden llevar a la falsa sensación de que «poco» es «casi nada» y de que «mucho» equivale a «no es tanto». Fumar siempre es malo para la salud, aunque fumar mucho es peor y fumar muchísimo es casi un suicidio. En fin, «mucho» y «poco» son conceptos cuya interpretación varía de persona a persona, pero su libreta de apuntes no miente.

Actividad n.º 2

Destierre el azúcar de su vida y reemplácelo por sacarina. Compre en la farmacia un envase grande de sacarina (contiene unas 500 pastillas) y a partir de esta primera semana sustituya el azúcar de cada día por sacarina. Según sus actividades diarias, quizá le convenga adquirir, además, un envase pequeño para llevar en el bolsillo, para dejar en el trabajo...

Hay una excepción a esta regla: si su desayuno habitual consiste sólo en una taza de café, utilice azúcar para endulzarlo. Pero si su desayuno de costumbre incluye alguna otra cosa (leche, pan, galletas, zumo de frutas, queso, etc.), no use azúcar sino sacarina, al igual que durante el resto del día.

El objetivo principal de esta norma tan rígida es comenzar a disminuir el consumo de calorías, puesto que durante la fase de desintoxicación es posible que sienta más hambre que ahora. Existe un objetivo secundario, que es irse acostumbrando al sabor de la sacarina porque, sin ser desagradable, su dulzura es distinta a la del azúcar.

El hecho de obligarse a cambiar el azúcar por sacarina de manera terminante, y sin más excepción que la indicada, tiene un beneficio adicional e indirecto: ir educando la fuerza de voluntad, darse cuenta del «yo puedo». Este afianzamiento en uno mismo y la sensible mejoría que representa en la autoestima constituyen dos elementos importantes a la hora de decidirse a abandonar el tabaco.

Actividad n.º 3

Para evitar cualquier posible aumento de peso será necesario iniciar alguna actividad deportiva o ejercicio físico que le guste y que pueda practicar de manera periódica.

Lo más práctico siempre es comenzar por las cosas simples: caminar. Luego, la actividad deportiva se irá haciendo más compleja conforme usted vaya recuperando la capacidad respiratoria y el estado físico. En esta primera semana, entonces, camine. Hágalo de una manera fija y rutinaria, sin aflojar ni desanimarse, sin opción al «hoy no tengo ganas».

Por ejemplo, una buena manera de empezar consiste en ir al trabajo caminando. No es necesario que sea todo el trayecto, bastará con caminar un buen trecho. Una medida de tiempo prudente es media hora de caminata más o menos enérgica, pues no se trata de ir paseando, sino de realizar una actividad deportiva discreta y proporcional al poco entrenamiento físico que suelen tener los fumadores. Mientras camine, no fume.

Tampoco resulta necesario que camine los siete días de la semana: con cinco (de lunes a viernes) tendrá bastante. Mientras camina, tome conciencia de su respiración: inspire profundamente, espire poco a poco; luego hágalo más rápido, unos cientos de metros más allá, pues su propio organismo le exigirá respirar más de prisa. Observe con detalle a los muchos transeúntes con que se cruzará en el camino. Mire quién fuma y quién no, y piense en ello.

Piense también que, a través del ejercicio, logrará beneficios indirectos, muy importantes para la salud en general:

• Descargará tensiones, ansiedades y malos humores.
• Contribuirá a mantener un peso adecuado.
• Mejorará la circulación de las arterias coronarias.

- Mejorará la circulación de las arterias en general.
- Contribuirá a mantener una tensión arterial normal.
- Articulaciones y músculos se mantendrán activos.
- Ligamentos y tendones se mantendrán elásticos.
- Prevendrá el problema de la osteoporosis.
- Prevendrá el problema del estreñimiento.
- La cara y la piel en general mejorarán su aspecto.

Segunda semana

La segunda semana de preparación comienza el segundo lunes. Son siete días destinados a profundizar en las ideas y en los conceptos precedentes. Todavía no ha llegado el momento de abandonar el tabaco, pero sí el instante de comunicar a otras personas su propósito inquebrantable de dejar de fumar.

Escoja a tres o cuatro personas de confianza y de ambientes distintos. Puede ser alguien de la familia (padre, madre, cónyuge, hijo), alguien del trabajo (un compañero, un jefe, un subalterno), el amigo de toda la vida y un vecino de la escalera, por ejemplo. El secreto reside en que elija unas pocas personas en las que pueda confiar y se relacione con ellas en lugares y circunstancias diferentes. No importa que fumen o no, lo que interesa es que sean personas con las que mantenga alguna clase de lazo afectivo, individuos que puedan echarle una mano si fuera necesario.

Una vez elegidos, comuníqueles que de aquí a unos cuantos días ya no fumará nunca más, que su decisión es firme y que pondrá de su parte la voluntad y el deseo de superación que sean precisos. Infórmelos de la fecha exacta en que dejará de fumar (será el cuarto lunes, contando a partir del primer día de la primera semana).

Pero también habrá que pedirles paciencia si algún día lo encuentran con cara de mal humor o con pocas ganas de risa. Habrá que pedirles tolerancia si alguna vez observan un enfado fácil o un cierto nerviosismo, y un poco más de paciencia si encuentran que usted está ansioso en días determinados.

En cuanto a las actividades de la semana pasada, en esta segunda semana habrá que continuar del siguiente modo:

Actividad n.º 1

Repita el procedimiento de la semana anterior: anote escrupulosamente todos los cigarrillos que consume. Piense y vuelva a pensar en lo que fuma, pero de momento siga fumando.

En esta actividad se introduce ahora una variante: junto al total diario de cigarrillos, anote el precio exacto que ello representa para su bolsillo. Para que los números cuadren correctamente, calcule el gasto por unidad de cigarrillo y no por fracciones de cajetilla. Este sencillo cálculo matemático le permitirá alejarse de la aproximación («más o menos tanto») para adentrarse en el ámbito de la exactitud («fumo tanto dinero al día»).

El objetivo de este cálculo es saber cuánto le cuesta diariamente el hecho de fumar. No se trata de establecer si resulta un hábito caro o barato (siempre es caro, por las consecuencias que acarrea), sino que se pretende continuar con el proceso de toma de conciencia de cuánto representa el cigarrillo en la vida del fumador. Al final de esta semana, calcule el total de dinero gastado en tabaco.

Actividad n.º 2

¿Cómo se ha sentido con el «destierro» del azúcar y su sustitución por sacarina? Seguro que bien, porque no es pedir nada exagerado. ¿Ha visto lo bien que se siente uno cuando se demuestra a sí mismo que «puede» hacer lo que se propone?, ¿ha visto lo que significa el deseo de superación? Pues de ahora en adelante deberá desarrollar y entrenar esta fuerza poco a poco.

Esta actividad también introduce una variante esta semana. Además de continuar consumiendo sacarina en lugar de azúcar, agregue tres piezas de fruta al día a su dieta habitual. Siga comiendo lo de siempre, pero a partir de ahora añada una fruta en el desayuno, otra después de la comida, y una tercera después de cenar.

Todas las frutas son adecuadas, excepto el plátano y la manzana. Lo que no es válido para cumplir con esta actividad son los zumos de frutas envasados porque estos, aun conteniendo todas las vitaminas, carecen de fibra vegetal. El objetivo consiste en prevenir el estreñimiento que suele aparecer durante la fase de desintoxicación.

Actividad n.º 3

Estoy convencido de que caminar media hora al día no sólo no ha representado ningún inconveniente, sino que incluso le ha resultado gratificante. Y más aún porque ha comprobado que mucha gente fuma por la calle y usted no lo hace.

Esta actividad también introduce una variante durante la segunda semana: duplique el tiempo de caminar sin fumar, pero no lo haga de un tirón, sino en dos veces; es decir, si la semana anterior acudía al trabajo caminando, ahora vaya y regrese de la misma manera.

O bien camine media hora por la mañana y media hora por la tarde o por la noche.

Hágalo con la misma actitud, observando a los demás transeúntes, siempre con el pensamiento puesto en aquello que está a punto de dejar de hacer.

Tercera semana

Llegar a la tercera semana significa que las cosas van bien. Quiere decir que usted continúa con el proceso de preparación física y psíquica para dejar de fumar. En otras palabras, que está dispuesto y decidido a curarse del tabaquismo y, para ello, está preparando su cuerpo y su espíritu.

Significa también que usted asume que, en este proceso, no hay descansos. Fíjese en que no existen días libres para comer todo lo que quiera ni para hacer algo distinto de lo establecido. Todo lo contrario, esta fase preparatoria para dejar de fumar no presenta ningún día de descanso porque luego, en la fase de desintoxicación, tampoco habrá descansos. Es decir, a partir de la próxima semana, usted no fumará más, ni siquiera «uno solo», aunque sea domingo o celebre una fiesta familiar.

Actividad n.º 1

La tarea de registrar el número de cigarrillos fumados al día y a la semana, y su repercusión económica, no sufre modificación alguna durante esta semana, por lo que debe continuar con ella, pero agregando una función importante, también de registro formal: escriba un argumento al día, una razón por la cual decidió dejar de fumar y está dispuesto, en consecuencia, a continuar con la terapia. Recuerde que la libreta de apuntes es privada, no tiene que mostrarla a nadie. Esta estricta privacidad le permitirá escribir «con el corazón en la mano».

Sin pasar de un argumento por día, sea sincero consigo mismo. Escriba lo que piense. Desarrolle la idea, sin temor a escribir un párrafo o varias páginas porque esas líneas manuscritas serán un testimonio de valor incalculable, pero siempre a título privado. Hágalo en soledad, tranquilo, por la noche y en silencio. Permanecerá frente a frente con su conciencia. Se trata de dejar constancia de sus pensamientos porque usted mismo, voluntariamente, volverá sobre ellos algún día.

Fume mientras tanto, si le apetece, pero recuerde que ya tomó la crucial decisión de dejar de fumar a partir del próximo lunes, es decir, del primer día de la fase de desintoxicación.

Actividad n.º 2

Conviene aprovechar esta tercera semana preparatoria para introducir otro pequeño cambio en la dieta, también destinado a evitar el sobrepeso y el estreñimiento que suelen aparecer en la fase de desintoxicación.

Las harinas muy refinadas favorecen el estreñimiento. Este tipo de harina es el que se utiliza para preparar los productos de bollería industriales, que cuentan además con un alto porcentaje de grasas. En conclusión: donuts, cruasanes, ensaimadas, madalenas, chuchos y productos similares quedan prohibidos a partir de esta semana, ya que engordan y estriñen, dos aspectos que hay que evitar a toda costa.

En cambio, el pan común es un alimento más saludable, y mejor aún el pan integral, porque las harinas integrales posee el mismo valor alimenticio del cereal, más la fibra propia de su cáscara.

Actividad n.º 3

En las dos semanas previas quedó demostrado que el ejercicio, aunque sea poco, es bueno para la salud y para tener la sensación de encontrarse psíquica y físicamente mejor.

Caminar parece un ejercicio de poca monta, pero no lo es. Según la situación general de salud, la capacidad respiratoria y el estado físico de cada individuo, puede variar desde un caminar pausado hasta un caminar enérgico. La clave reside en que cada uno haga lo que pueda, sin exagerar ni quedarse corto, y en que sea un ejercicio de cinco días a la semana.

Desde ahora, y por tiempo indefinido, continúe caminando de lunes a viernes (excepto si llueve). Pulmones, corazón, huesos, músculos y articulaciones se lo agradecerán toda la vida.

Y si llega el sábado o el domingo y tiene la oportunidad de disfrutar de alguna actividad extra al aire libre, aprovéchela, pero siempre en la medida de sus posibilidades. Luego, durante las fases de desintoxicación y de mantenimiento, aprovechará mucho más estas actividades porque su respiración estará notablemente más liberada. Comprobará que un paseo por la montaña sabe mejor sin los jadeos propios de los fumadores.

Otras actividades durante la tercera semana

Esta semana debe hacer algo definitivamente trascendental: comprar los parches de nicotina. En el mercado hispano existen dos marcas y seis concentraciones. Más adelante se indicará cuáles son los más adecuados para usted.

Cuando vaya a la farmacia a comprar los parches, aproveche la báscula para pesarse. Recuerde el número exacto de kilos con las fracciones correspondientes y luego, al llegar a casa, anótelo en su libreta de apuntes, junto con la fecha y la hora en que se pesó.

En la misma farmacia, en la herboristería o en el supermercado, compre infusiones de manzanilla y de tila (más adelante verá cuándo y cómo tomarlas). También adquiera un elixir bucal; todos son buenos, aunque por experiencia recomiendo el de la marca Listerine, en cualquiera de sus tres sabores: menta fresca, mentol o sabor original.

FINAL DE LA FASE DE PREPARACIÓN

El drástico final de la fase de preparación es obligatorio, no tiene excusas ni atenuantes. Es un ceremonial importante para reforzar la psique y la voluntad, que se debe efectuar en soledad o ante testigos de confianza, y tiene que llevarse a cabo a última hora del domingo.

El domingo por la noche fumará el último cigarrillo de su vida. Hágalo a la hora y en las circunstancias de costumbre. Mírelo fijamente y despídase de él en el momento de aplastarlo contra la superficie del cenicero.

Inmediatamente después, sin perder ni un minuto, tire al cubo de la basura todos los cigarrillos que le hayan sobrado y todos los encendedores y ceniceros que tiene en casa. Si tiene objetos de propaganda, tírelos también. No guarde nada, no conserve recuerdo alguno, no piense en volver a fumar porque no volverá a hacerlo jamás.

Que en su casa no quede nada que pudiera recordarle que alguna vez fumaba. Luego cepíllese los dientes, haga unas gárgaras con el elixir bucal y acuéstese.

RESUMEN DE LA FASE DE PREPARACIÓN

La fase de preparación constituye un período importante porque representa el paso previo indispensable para poder afrontar con éxito la fase siguiente, la desintoxicación mediante el uso de parches de nicotina. Se trata de un período de tres semanas para prepararse, tanto física como psíquicamente, para dejar de fumar de manera definitiva. Esta preparación psicofísica es progresiva y abarca cuatro aspectos:

- *Aspecto espiritual.* Se fortalece mediante un plan que incorpora la complicidad de varias personas, cuidadosamente escogidas, que cumplirán funciones de apoyo moral. Si es el caso, quizá actúen de confidentes o vigilantes.
- *Aspecto formal.* Se fortalece mediante un plan que incorpora una progresiva toma de conciencia, mediante valores exactos y objetivos, de la magnitud y el costo de fumar.
- *Aspecto dietético.* Se fortalece mediante un plan que incorpora alimentos ricos en fibras vegetales y alimentos poco calóricos que sustituyen a los muy energéticos. El objetivo consiste en prevenir el estreñimiento y el aumento de peso.
- *Aspecto físico.* Se fortalece mediante un plan que incorpora, de manera paulatina, la actividad física rutinaria como instrumento para liberar tensiones y mejorar la capacidad respiratoria y el estado general de salud.

La condición progresiva y paulatina de esta fase contrasta con su final, que es tajante, terminante, drástico...

Sueñe con lo que quiera, pero piense que usted ya no fuma.

A la mañana siguiente, lunes, comienza la fase de desintoxicación. Considere que tendrá que realizar un esfuerzo porque nada es gratuito pero cuente también que no volverá a fumar en la vida.

Qué son los parches de nicotina

Aunque no lo parezcan, los parches de nicotina son medicamentos. Por este motivo, y aunque se venden sin receta médica, se recomienda que el médico de cabecera esté al tanto de que usted los utilizará. Esto no es más que una medida de precaución, porque quizá exista alguna razón médica que contraindique su uso.

No deben utilizar parches de nicotina las embarazadas ni las mujeres que estén dando de mamar. Tampoco las personas que padezcan enfermedades del corazón o de la glándula tiroides, pacientes diabéticos o hipertensos, ni los que hayan sufrido embolia o trombosis cerebrales, excepto que el médico los autorice de forma expresa. Y, por supuesto, los parches no tienen que ser usados por los niños, por fumadores ocasionales o por no fumadores.

Bajo ningún concepto se puede fumar teniendo el parche pegado en la piel porque, en este caso, existe la posibilidad de sobredosis de nicotina. Esta advertencia vale sobre todo para los que quieren engañarse a sí mismos usando parches y, al mismo tiempo, proponiéndose fumar menos de lo habitual. Recuerde que el parche no sustituye a algunos de los cigarrillos que fuma al día, sino a todos, absolutamente a todos.

Más allá de estas advertencias, los parches de nicotina son médicamente seguros y eficaces. Su apariencia externa no demuestra lo extraordinarios que son. Apenas son más gruesos que un papel y miden unos pocos centímetros cuadrados de superficie. Algunos pacientes comentan que estos parches se parecen a una tirita de las que se usan para tapar una pequeña herida doméstica, aunque de menor longitud y mayor anchura.

CÓMO FUNCIONA UN PARCHE DE NICOTINA

El principio biológico por el cual los parches son útiles es similar al que fundamenta el uso de una crema. En ambos casos, la clave radica en saber que la piel no es impermeable, sino que deja pasar ciertas sustancias cuando se aplican mediante un procedimiento adecuado.

La piel constituye un manto resistente, más o menos fino, que recubre el cuerpo humano. Permite la salida de ciertos líquidos hacia fuera (el sudor, por ejemplo), pero no que lo hagan otros (como el plasma). La piel deja que ciertas sustancias penetren a través de ella (la cortisona de una crema con cortisona, por ejemplo), pero no que lo hagan otras (como los detergentes). De esta manera, la piel es un órgano vivo, inteligente y selectivo.

El efecto de la aplicación de una crema es sólo local, es decir, la sustancia que contiene actúa solamente en la zona de piel donde se ha aplicado. Esto se debe a que la sustancia en cuestión, como está contenida en la crema, puede atravesar las células de las capas más superficiales de la epidermis. Este principio biológico cuenta con unas pocas excepciones.

En cambio, la sustancia contenida en un parche va más allá. Efectivamente, la nicotina puede atravesar las células de la piel y llegar así hasta la red de capilares que se encuentra por debajo de ella. La nicotina penetra en estos diminutos vasos sanguíneos y luego circula por la sangre.

La nicotina del humo del cigarrillo es exactamente igual a la de los parches: también es capaz de atravesar las células y llegar hasta los capilares sanguíneos ubicados por debajo de ellas. Cada vez que una persona fuma, permite que la nicotina del humo atraviese las células de la boca, de los bronquios y de los pulmones. Y de esta manera logra llegar hasta los capilares sanguíneos y circular luego por el flujo sanguíneo.

Mientras permanece en la sangre, la nicotina produce los efectos nocivos que ya conocemos, al fijarse en el hipotálamo y en otras estructuras cerebrales. Esta fijación es transitoria, pero se renueva en cada calada que el fumador da a su cigarrillo. Aquí reside el secreto para entender por qué la nicotina crea adicción y por qué hay que disminuir progresivamente la dosis de nicotina si uno pretende liberarse definitivamente de ella.

La nicotina del parche está contenida en una cantidad muy pequeña, pero suficiente. Mientras el parche está pegado sobre la piel, la nicotina pasa a los capilares ubicados debajo de la epidermis y así penetra en el cuerpo humano, tal como lo haría si el individuo fumase. La diferencia es que, con los parches, sólo penetra la nicotina, mientras que con el humo del cigarrillo penetran otras muchas sustancias nocivas.

Lógicamente, existe otra diferencia: con el parche, la nicotina penetra a través de la piel, y fumando, lo hace a través de la boca, los bronquios y los pulmones. Esta obvia distinción aporta un beneficio adicional al paciente: se evita el contacto del humo del cigarrillo con el delicado interior de bronquios y pulmones. Al evitar este contacto, se previenen los trastornos de salud que del mismo se derivan, como inflamación, exceso de mucosidad, bronquitis, cáncer...

La velocidad con que el parche libera la nicotina hacia el cuerpo está calculada y equivale al ritmo con que un fumador incorpora nicotina a lo largo del día. Así, quien lleva pegado un parche no tiene ganas de fumar porque, sin darse cuenta, es como si estuviera fumando.

La cantidad de nicotina existente en cada parche varía según tres categorías o concentraciones, que equivalen a tres intensidades de fumar. Pero en los tres casos, la nicotina se libera de manera uniforme a lo largo del día. Esta liberación acaba tras los siguientes términos:

- 16 horas después de ponerse el parche de la marca Nicorette.
- 24 horas después de ponerse el parche de la marca Nicotinell.

Pese a esta diferencia, los parches de ambas marcas deben permanecer adheridos a la piel durante las veinticuatro horas del día. Al cumplirse este período, el ex fumador se quita el parche usado y se pone uno nuevo.

QUÉ PARCHES ADQUIRIR

Hay dos marcas de parches de nicotina, Nicotinell y Nicorette. Aunque varían en su numeración, ambas son igualmente efectivas y de precio similar. Aun así, la experiencia personal me lleva a recomendar la marca Nicotinell para los fumadores a quienes les apetece comenzar a fumar a primera hora de la mañana, y la marca Nicorette para quienes suelen comenzar a fumar a media mañana o más tarde.

Los parches de la marca Nicotinell se venden en tres concentraciones distintas:

- **Nicotinell 30.** Mide 5,5 × 5,5 cm; para el primer mes de quienes suelen fumar más de 20 cigarrillos al día.
- **Nicotinell 20.** Mide 4,4 × 4,4 cm; para el segundo mes de quienes suelen fumar más de 20 cigarrillos al día, y para los dos primeros meses de quienes suelen fumar menos de 20 cigarrillos al día.
- **Nicotinell 10.** Mide 3,3 × 3,3 cm; para el tercer mes de los dos tipos de fumadores.

Las tres presentaciones se venden en envases de siete o catorce unidades. Su precio varía según la concentración y la cantidad de parches por caja pero, en todos los casos, resulta más barato que fumar.

Los parches de la marca Nicorette también se venden en tres concentraciones distintas:

- **Nicorette 15.** Mide 5,5 × 5,5 cm; para el primer mes de quienes fuman más de 20 cigarrillos al día.
- **Nicorette 10.** Mide 4,4 × 4,4 cm; para el segundo mes de quienes fuman más de 20 cigarrillos al día, y para los dos primeros meses de quienes fuman menos de 20 cigarrillos al día.
- **Nicorette 5.** Mide 3,3 × 3,3 cm; para el tercer mes de los dos tipos de fumadores.

Características	Nicorette			Nicotinell		
Concentración	5	10	15	10	20	30
Superficie (cm²)	10	20	30	10	20	30
Duración del efecto (h)	16	16	16	24	24	24
Cantidad de nicotina (mg)	8,3	16,6	24,9	17,5	35,0	52,5
Velocidad de liberación de nicotina (mg/h)	0,30	0,63	0,94	0,29	0,58	0,87

Las tres presentaciones de esta marca también se venden en envases de siete o catorce unidades. Su precio suele ser aproximadamente un 10 % inferior, pero insisto en recomendar esta marca de parches para quienes comienzan a fumar a media mañana o más tarde.

En la parte superior de la página se ofrece una tabla comparativa de ambas marcas de parches.

A primer golpe de vista puede parecer que los parches Nicotinell son más «fuertes» que los Nicorette, si los juzgamos por la cantidad de nicotina que contienen. Sin embargo, analizando con cuidado, se percibe que tienen más nicotina porque su efecto es más prolongado. Si observamos con detalle la velocidad con que cada parche libera la nicotina hacia la sangre del fumador, se aprecia que la diferencia entre una marca y otra es tan pequeña que no cabe darle importancia.

La comparación entre ambas marcas permite establecer las siguientes equivalencias:

- Nicorette 5 equivale a Nicotinell 10.
- Nicorette 10 equivale a Nicotinell 20.
- Nicorette 15 equivale a Nicotinell 30.

La única diferencia, entonces, reside en la duración del efecto. Considerando que el mejor momento para colocarse el parche es a primera hora de la mañana, resulta lo siguiente:

- El efecto de los parches Nicotinell dura 24 horas, es decir, se acaba a la mañana siguiente. Por tanto, la persona que los usa se levanta sin ganas de fumar.
- El efecto de los parches Nicorette dura 16 horas, es decir, se acaba durante la noche. Por tanto, la persona que los utiliza puede levantarse con ganas de encender un cigarrillo si acostumbraba a fumar a esa hora del día.

Bajo ningún concepto los parches nuevos o usados estarán al alcance de los niños; el ex fumador deberá cuidarse personalmente de este importante detalle. Como son medicamentos, los parches de nicotina no están exentos de producir efectos secundarios, aunque sean poco frecuentes. Por este motivo, la recomendación pasa por leer detenidamente el prospecto que los acompaña en la caja de venta al público y por consultar cualquier duda con el farmacéutico o con el médico de cabecera.

DÓNDE CONSEGUIR LOS PARCHES

Si, por cualquier circunstancia, en la farmacia de su barrio no encuentra los parches de nicotina, hable con el

LUGARES MÁS APROPIADOS PARA LA COLOCACIÓN DEL PARCHE DE NICOTINA

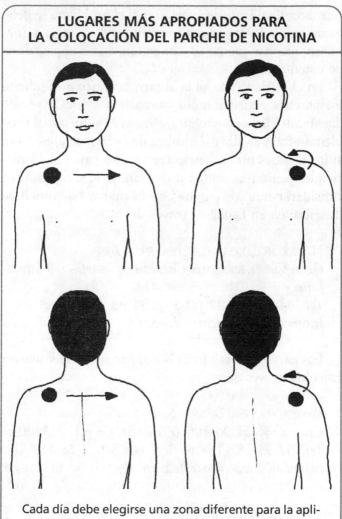

Cada día debe elegirse una zona diferente para la aplicación, dejando transcurrir varios días antes de volver a utilizar la misma. También podría aplicarse en otros lugares de la piel, siempre que estén limpios y no tengan pelo (las mujeres no deberán colocarse el parche en el pecho).

farmacéutico. Trate de averiguar si el problema se debe a que en esa farmacia concreta no los distribuyen normalmente, o a que no se comercializan en el país donde usted reside.

En el primer caso, pida al farmacéutico que solicite los parches al distribuidor mayorista, y en un par de días tendrá los que necesita. Pero si la solución al problema está más allá del alcance de la farmacia, es decir, si los parches no se distribuyen en su país o las autoridades sanitarias no los importan, le será de utilidad considerar que los parches de la marca Nicotinell se distribuyen en España a través de:

NOVARTIS CONSUMER HEALTH, S.A.
Gran Via de les Corts Catalanes, 764. 08013 Barcelona.
Tel.: 34-93-306-42-00. Fax: 34-93-306-41-83.
Internet: www.nicotinell.com.

Los parches de la marca Nicorette se distribuyen en España a través de:

PHARMACIA & UPJOHN, S.A.
Ctra. de Rubí, 90-100. 08190 St. Cugat del Vallès.
Tel.: 34-93-582-16-16. Fax: 34-93-582-18-18.
Internet: www.nicorette.com.

Fase de desintoxicación

Poco a poco, usted ha llegado a la fase de desintoxicación porque ha querido y porque recibe el estímulo poderoso del deseo inexorable de dejar de fumar. Este deseo se ha convertido en un propósito firme, en una voluntad inquebrantable, en una consigna que se cumplirá con toda seguridad.

La noche anterior a la fase de desintoxicación tiró a la basura todo aquello que pudiera relacionarse directa o indirectamente con la costumbre de fumar. A la mañana siguiente, lunes, el primer día de la fase de desintoxicación, la caja de parches ya está en su cuarto de baño.

A la hora de costumbre, se levanta de la cama e inmediatamente se toma una buena ducha con agua tibia. Luego, una vez seca la piel, colóquese el primer parche.

El parche se debe pegar en una zona lampiña de la piel (sin pelo), lo que depende del sexo y de la constitución de cada uno. Cada día hay que pegarlo en un sitio distinto, pero tendrá bastante con prever cuatro lugares diferentes para ir rotando su ubicación (el prospecto del parche le propondrá los lugares más adecuados). Proceda de la siguiente manera:

- Con una tijera pequeña, abra el envase por uno de sus extremos laterales.
- Extraiga el parche de su envase y quítele la cubierta transparente protectora. No toque la parte pegajosa con los dedos.
- Colóquese el parche sobre la zona de piel escogida (limpia, seca y sin pelo).
- Apriete el parche suavemente durante 10 segundos.
- Por último, lávese las manos.

Pasadas 24 horas, retire el parche de un suave tirón. Dóblelo de tal manera que una mitad pegajosa se pegue a la otra mitad (es decir, la superficie adhesiva queda hacia dentro), y luego procure desecharlo de manera segura.

Aun siendo de la marca Nicorette (cuyo efecto dura 16 horas), los parches deben retirarse de la piel a las 24 horas, lo que contradice la indicación que consta en el prospecto. La razón de este consejo consiste en evitar el deseo de fumar que, hipotéticamente, podría aparecer a primera hora de la mañana siguiente.

Con el parche pegado no se siente nada. Tener puesto el parche no origina absolutamente ninguna sensación extraña. No provoca adormecimiento, nerviosismo, sedación o atontamiento. Tanto es así que olvidará que lo lleva adherido a la piel y se olvidará de fumar, ya que con el parche pegado no se sienten ganas de fumar.

Sin embargo, que nadie se llame a engaño. Con el parche de nicotina correctamente adherido a la piel, no tendrá la necesidad física de fumar. A esto me refiero cuando le aseguro que dejará de fumar sin darse cuenta, pero una cosa es la necesidad física, y otra, la necesidad psíquica de fumar.

NECESIDAD FÍSICA DE FUMAR

La necesidad física es aquel deseo intenso, casi impulsivo, que aparece después de permanecer unas horas sin fumar. Son unas fuertes ganas de fumar, imperiosas, difíciles de controlar. Aparece, por ejemplo, a la salida del cine, tras una reunión de negocios donde no dejaban fumar, después de un viaje en avión o en otro transporte público, al término de una comida formal con no fumadores, después de visitar al médico o al dentista, etc.

En todos los casos se trata de un intenso deseo de fumar que surge tras permanecer un tiempo variable sin poder hacerlo. Este intervalo puede ser sólo una

RECOMENDACIONES BÁSICAS PARA MANIPULAR EL PARCHE DE NICOTINA

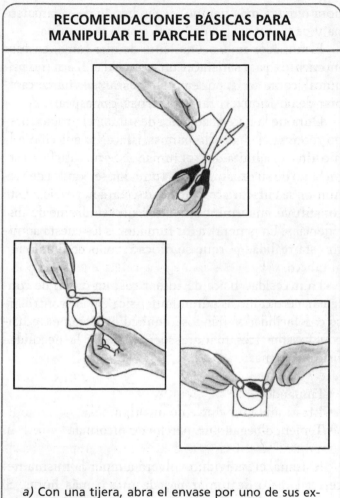

a) Con una tijera, abra el envase por uno de sus extremos laterales. *b)* Extraiga el parche de su envase. *c)* Quite la cubierta protectora sin tocar la parte pegajosa con los dedos. Luego, coloque el parche sobre la zona de piel escogida y manténgalo suavemente apretado durante 10 segundos.

hora o quizá más tiempo, dependiendo de cada persona y de la intensidad de la adicción a la nicotina.

El fumador no es consciente de que fuma, en esos momentos, para satisfacer una necesidad física (no psíquica), como sería, por ejemplo, rascarse la nariz, cambiar de posición, cruzar las piernas, carraspear...

Durante la necesidad física de fumar, el propio cuerpo reclama el cigarrillo para satisfacer la adicción a la nicotina, lo admita o no el fumador. Si no satisface este reclamo de su organismo, el fumador se pondrá de mal humor, se enfadará con facilidad, estará nervioso... Esto constituye, en términos médicos, un «síndrome de abstinencia». En general, a los fumadores les cuesta admitir esta realidad porque significa reconocer la adicción al tabaco.

La necesidad física de fumar resulta difícil de controlar, pero como es puramente física, puede controlarse con facilidad valiéndose de medios puramente físicos. Existen tres maneras de satisfacer la necesidad física de fumar:

- Fumando.
- Masticando un chicle de nicotina.
- Teniendo pegado un parche de nicotina.

Si fuma, el individuo volverá a tener la misma necesidad física de fumar pasada una o más horas. Si mastica un chicle de nicotina, sucederá lo mismo. En cambio, con un parche pegado a la piel, tal necesidad no existirá porque el parche constituye el único método que aporta una cantidad constante de nicotina, sin interrupciones. Aunque pequeña, esta cantidad aleja el deseo físico de fumar. Además, como dicha cantidad se reduce poco a poco, aún se alejan más las ganas de fumar, hasta desaparecer por completo.

NECESIDAD PSÍQUICA DE FUMAR

La necesidad psíquica refleja el deseo de fumar cuando el fumador se encuentra en las circunstancias en que suele hacerlo o en que ha visto que se hace. He aquí algunos ejemplos de necesidad psíquica de fumar:

- Durante la sobremesa.
- Esperando el autobús.
- En el lavabo, mientras realiza las necesidades propias.
- Esperando la llegada de una persona con la que esté citado.
- Mirando un partido de fútbol por televisión.
- Paseando por la calle.
- Trabajando en la oficina.
- Acompañando el café o la copa en una comida festiva.

En todos estos casos se trata de un deseo que empezó y que se afianzó por la costumbre de hacerlo, nada más. En consecuencia, resulta tan fácil eliminarlo como fácil sea modificar una costumbre o un hábito de la vida diaria: es cuestión de proponérselo.

Existe otra forma de necesidad psíquica de fumar: cuando el fumador, inconsciente e ingenuamente, desea «utilizar» el humo de su cigarrillo para envalentonarse, para escapar de una situación, para no aburrirse, para sentirse acompañado... En estos casos, la necesidad también es puramente psíquica y responde a un tópico de comportamiento, quizá una costumbre surgida de una inseguridad.

LA FUERZA DE VOLUNTAD

Sólo conozco una manera de vencer la necesidad psíquica de fumar aunque, bien mirado, ni siquiera es una necesidad, sino más bien un deseo, una costumbre o un capricho. Esta manera es la voluntad. Bastará con que el fumador se lo proponga para que logre eliminar esa faceta de su vida.

Hay una serie de trucos y medidas prácticas que ayudan a eliminar la necesidad psíquica de fumar y que fortalecen la fuerza de voluntad necesaria para hacerlo. Son efectivos, sin lugar a dudas, y se comentarán más adelante, en el apartado titulado «Trucos para solucionar problemas».

No fumar cuando se tienen deseos por culpa de la necesidad psíquica de hacerlo no produce síndrome de abstinencia, pero sí origina una serie de sensaciones desagradables, aunque momentáneas. Son muy fáciles de superar si se tiene la paciencia de esperar unos minutos y la sabiduría para pensar en otra cosa y distraerse.

Por ejemplo, a quien está acostumbrado a fumarse de cuatro a seis cigarrillos durante la transmisión de un partido de fútbol por televisión le parecerá algo terrible e insoportable que le prohíban fumar mientras disfruta de su programa. Pero si este mismo fumador toma conciencia de que su deseo es sólo psíquico, podrá permanecer sin fumar, tranquilamente, porque la mente domina al cuerpo. Y bastará con que lo haya logrado una vez para que su fuerza de voluntad se fortalezca, para que su espíritu se enaltezca y para que su autoestima aumente.

Para que las fuerzas no flaqueen ni caiga nadie en la tentación, está vigente el íntimo convencimiento de que «puedo si me lo propongo». También son válidos los métodos de meditación y de relajación que más adelante se comentan.

Para curarse de cualquier enfermedad es necesario que el paciente ponga en marcha dos instrumentos que, sabiamente combinados, lo llevarán a la curación:

- **La medicina:** el médico, la enfermera, el farmacéutico, los medicamentos, la dieta, el reposo o los ejercicios, la rehabilitación...
- **La fuerza de voluntad:** el deseo de curarse, la obligación moral de obedecer los consejos del médico, de la enfermera y del farmacéutico...

Ambos instrumentos son imprescindibles si el paciente quiere curarse de su enfermedad. ¿De qué valdría, por ejemplo, tomar medicamentos contra la úlcera, pero no hacer caso al médico en el sentido de dejar de tomar café y alcohol? ¿De qué serviría tener el deseo de curarse de hemorroides, pero no ir al médico por vergüenza? ¿De qué le valdría a una persona obesa querer adelgazar si sigue comiendo en exceso?

Los problemas de salud deben abordarse desde ambos puntos de vista, el de los medios necesarios para la curación y el de la fuerza de voluntad para hacerlo. Pero hay que reconocer también que muchas enfermedades no se curan de esta manera porque, en sí mismas, son incurables (diabetes, hipertensión, colesterol). Con todo, incluso en estos casos, el hecho de poner ambos instrumentos a funcionar logrará el control de la enfermedad, el alivio de sus síntomas y la mejoría general del paciente.

Con el problema del tabaco sucede lo mismo. Ya sabemos que el tabaquismo es una enfermedad y como tal debe enfocarse si lo que se busca es la curación. Para curarse, es decir, para dejar de fumar de forma definitiva, será necesario poner en marcha los dos instrumentos anteriormente comentados. En este caso concreto se trata de:

- Usar los parches de nicotina en la forma adecuada y durante el tiempo que corresponde.
- Hacer el esfuerzo de no fumar y de alejarse de las situaciones en que podría caerse en la tentación de fumar.

El primer instrumento quitará la necesidad física de fumar, mientras que el segundo eliminará la necesidad psíquica. Ambos instrumentos, combinados con sabiduría, constituyen la clave del éxito, pero ambos deben usarse de forma continuada, sin descanso ni concesiones. ¿Acaso el diabético otorga un descanso al nivel de azúcar en su sangre?, ¿acaso el hipertenso otorga un descanso al control de su alta presión sanguínea?

Los casos de diabetes e hipertensión son, obviamente, diferentes al tabaquismo. La diferencia estriba en que aquellos trastornos no se pueden curar (pero se pueden mantener controlados de forma satisfactoria), mientras que el tabaquismo sí tiene cura, aunque pueda recaerse en esta enfermedad. Los esfuerzos para controlar la diabetes y la hipertensión deben realizarse siempre porque estos trastornos son para siempre. En cambio, los esfuerzos para dejar de fumar son transitorios porque el tabaquismo es transitorio. Poner la necesaria fuerza de voluntad es un cometido que debe hacerse sólo durante un tiempo determinado porque, una vez el fumador se desintoxica de la nicotina y se desacostumbra de fumar, puede olvidarse del cigarrillo para toda su vida.

Sin embargo, si prueba un cigarrillo aunque sólo sea una vez, la enfermedad puede reaparecer con mayor rapidez y descontrol que antes. A partir del primer día de la fase de desintoxicación, y durante el resto de su vida, no toque un cigarrillo por ningún motivo.

SIGUIENDO EL PLAN DE DESINTOXICACIÓN

Durante los próximos tres meses deberá colocarse un parche cada mañana, siempre al levantarse y después de la ducha matinal. No pasa nada si, en un día festivo, se levanta a media mañana o incluso al mediodía y se lo pone a esas horas. Aun en este caso, póngase el parche apenas salir de la ducha, sin preocuparse de la hora ni del tiempo que hace que lleva pegado el parche anterior. Su plan de desintoxicación será como sigue:

- **Si comenzó con Nicotinell 30:** un mes con parches Nicotinell 30, otro mes con Nicotinell 20, y otro mes con Nicotinell 10.
- **Si comenzó con Nicotinell 20:** dos meses con Nicotinell 20 y un mes con Nicotinell 10.
- **Si comenzó con Nicorette 15:** un mes con Nicorette 15, otro mes con Nicorette 10, y otro mes con Nicorette 5.
- **Si comenzó con Nicorette 10:** dos meses con Nicorette 10 y un mes con Nicorette 5.

No es bueno cambiar de marca pues, como sabemos, la duración del efecto es diferente para adaptarse a los distintos tipos de fumadores.

Pasar de una concentración de parche a la siguiente más baja puede provocar, durante uno o dos días, una cierta intranquilidad o una sutil inquietud. Estas tenues sensaciones desaparecen con el transcurso de las horas, con pensar en otra cosa o con salir a pasear.

La tentación es fuerte para quienes dejan de fumar. En efecto, los parches quitan la necesidad física de fumar sin que uno se dé cuenta, mientras que la fuerza de voluntad elimina la necesidad psíquica de hacerlo. El fumador comprueba entonces, en su propia piel, que se puede estar sin fumar, que aquello que siempre soñó se hizo realidad, que no tiene ganas de fumar, que no le apetece un pitillo... Y aparece la tentación de dar por acabado el tratamiento con la excusa de que «esto ya lo tengo dominado».

Sin embargo, la duración del tratamiento no es un tiempo caprichoso ni calculado al azar. Tampoco es caprichosa la recomendación de usar tal o cual parche, ni una concentración antes que otra. Todo lo contrario: el método para abandonar el tabaquismo y su duración son el resultado de los estudios científicos y de la experiencia de muchos otros que dejaron de fumar gracias a él. Por tanto, no caiga en la tentación de modificar las indicaciones de cómo usar un tipo concreto de parche porque los resultados podrían ser negativamente sorprendentes.

La actividad que anteriormente llamamos número uno es aquella que registró, cigarrillo a cigarrillo, todo lo que usted fumaba, la que calculó hasta el último céntimo el presupuesto del hábito de fumar, y la que apuntó los poderosos argumentos personales que lo condujeron a abandonar el tabaco. Todo está cuidadosamente escrito en la libreta de apuntes.

EFECTOS SECUNDARIOS

En algunos pacientes, aunque bien pocos, el tratamiento con parches de nicotina puede provocar efectos secundarios, aunque lo mismo puede ocurrir con cualquier otro medicamento. En este caso, se recomienda comentar el tema con el médico a la mayor brevedad posible.

En aquellas páginas tan personales hay un buen trozo de su historia. Allí se refleja el «antes», puesto que ahora está viviendo el «después». Sin obligación, ni orden, ni premeditación, de vez en cuando lea lo que allí escribió. Releer aquellas líneas le dará la fortaleza para seguir sin fumar si alguna vez le sobreviene la tentación o cierto momento de debilidad.

La actividad número dos era aquella que «desterró» el azúcar y lo sustituyó por sacarina, la que incorporó tres piezas de fruta a la dieta diaria, y la que eliminó las harinas refinadas de los productos de bollería industrial a cambio de pan integral.

Esta dieta, que limita un posible sobrepeso y previene el problema del estreñimiento, esconde toda una filosofía de vida. Es posible que la falta de cigarrillos le provoque un ansia de querer comer a cada momento. Aunque constituye una falsa sensación de hambre, merece la máxima atención porque tener algo en la boca para masticar ayuda a olvidar la antiguo sensación de chupar el cigarrillo. Esto puede representar un cierto aumento de peso, que se contrarresta con la dieta que incluye la actividad número dos. Por este motivo, entonces, este régimen dietético debe mantenerse durante varios meses, e indefinidamente si se puede.

El hecho de no fumar puede contribuir también a desarrollar cierto estreñimiento. Como la actividad número dos incluye la fibra vegetal de la fruta y excluye las harinas refinadas, este trastorno se puede controlar sin mayores inconvenientes. Aun así, se recomienda beber agua en abundancia y mantener el mismo hábito de ir al lavabo a las mismas horas que antes.

La actividad número tres es aquella que obliga a caminar, salvo razón de fuerza mayor, media hora dos veces al día, de lunes a viernes. También invita a aprovechar cualquier actividad al aire libre con espíritu deportivo. El objetivo es contribuir al control de peso, ahuyentar los malos humores y mantener el cuerpo en buenas condiciones psíquicas y físicas.

A poco que las semanas vayan pasando, al mismo tiempo que continúan las caminatas, usted notará un cambio, tanto físico como psíquico. La tos desaparece poco a poco, la capacidad respiratoria se normaliza y los jadeos van atenuándose.

Sólo por el hecho de comprobar que su cuerpo funciona más y mejor, usted agradecerá haber dejado de fumar. Le recomiendo, entonces, continuar con este estilo de vida, y si el estado físico, las ganas, la salud en general y el tiempo disponible lo permiten, poco a poco, aumente la actividad física, sin exagerar y siempre con el consentimiento del médico.

Con todo, a lo largo de los tres meses que dura la fase de desintoxicación, se puede encontrar con dificultades, con momentos de tener ganas de fumar, con un nerviosismo injustificado e incomprendido, con ambientes donde todos fuman, con fumadores que le

RESUMEN DE LA FASE DE DESINTOXICACIÓN

La fase de desintoxicación tiene la misma importancia para dejar de fumar que la de preparación. Consiste en abandonar el consumo de cigarrillos de forma brusca y terminante, y reemplazar la nicotina que ya no se inhala por la que procede de los parches. De esta manera no se siente la necesidad física de fumar, aunque puede sentir el deseo de hacerlo.

La clave del éxito de esta fase radica en respetar las siguientes normas:

- A partir del primer día de esta fase de desintoxicación no se puede fumar, norma que es terminante y no admite ninguna excusa.
- Use cada día un parche de nicotina, cuya concentración será proporcional a lo que fumaba, e irá decreciendo gradualmente.
- Las actividades para fortalecer los aspectos espiritual, formal, dietético y físico seguirán durante esta fase y, si es posible, continuarán de manera indefinida.
- El ex fumador tendrá que poner de su parte un poco de esfuerzo y buena voluntad para superar los deseos de fumar que puedan surgirle.
- Las personas de confianza del ex fumador deberán tener paciencia y alentarlo siempre en su propósito de no fumar.
- El tratamiento con parches de nicotina debe durar tres meses, aun en el caso de que el ex fumador considere que ya está curado.
- Deberán cuidarse tanto los aspectos físicos como psíquicos del ex fumador, puesto que de ambos depende el éxito de este plan.
- El objetivo de este plan es dejar de fumar de modo definitivo, lo que es posible una vez se van superando, una a una, las semanas de la fase de desintoxicación.

ofrecen tabaco... En fin, pasará horas difíciles. Sin embargo, sé por propia experiencia que estas horas difíciles se pueden vencer con facilidad, y que aquello que resulta difícil se va haciendo fácil conforme pasan los días y las semanas.

Fase de mantenimiento

Ha llegado a la fase de mantenimiento, lo que significa que ha vencido al cigarrillo y a la parte de su propio yo que se empeñaba en fumar. Es una victoria extraordinaria, un mérito considerable.

La fase de mantenimiento es la más larga de las tres porque, obviamente, no tiene final. Tiene un momento de inicio, que fue la mañana en que usted se despegó el último parche, tres meses después de haberse adherido el primero.

Esta fase no tiene final porque usted ya no fuma ni siente el deseo de hacerlo, aunque alguna vez puede tentarlo un cigarrillo. No se deje engañar, no caiga en la ingenua trampa que le tiende la tentación.

Al llegar a esta fase, el organismo está completamente desintoxicado de todo rastro de nicotina. El pensamiento ya ha adquirido la costumbre de no fumar, ni en soledad ni en compañía. La mente ya ha dominado la necesidad psíquica de fumar, mientras que el propio cuerpo ha dominado la necesidad física. En pocas palabras, ya no fuma porque no necesita fumar, y no volverá a fumar porque no caerá en la trampa de recomenzar otra vez.

Sin embargo, hay que alertar sobre un problema que subsistirá durante años y más años. La sociedad en que vivimos insiste en fumar, cada vez menos, es cierto, pero sigue insistiendo. En la fase de mantenimiento, usted se mantendrá sin fumar y precisamente por esta razón observará que mucha gente fuma, detalle que quizá antes no había notado en la misma proporción que ahora.

La gente fuma en todos los sitios donde se permite: en la calle, a la salida del cine, en la puerta de los hospitales... Y, forzosamente, los ex fumadores están obligados a convivir con los fumadores, ya sea por motivos laborales, personales o simplemente de buena educación. Esta convivencia no será desagradable (a los ex fumadores no les molesta el humo del tabaco), pero tampoco debe ser una excusa para volver a fumar.

Entonces, una advertencia importante: que convivir con fumadores no se convierta, ni a largo ni a corto plazo, en una razón para recomenzar con el tabaquismo. Al contrario, invite a su amigo fumador a abandonar el cigarrillo, explíquele cómo se las ha arreglado para dejarlo y cuéntele lo bien que se siente uno sin fumar.

MEDITACIÓN Y RELAJACIÓN

Si bien lo más importante para lograr el gran objetivo de dejar de fumar es el correcto uso de los parches de nicotina, las técnicas de meditación y de relajación ayudan decisivamente. Lo hacen sobre todo a la hora de preparar la mente para el momento crucial, mientras el fumador está desintoxicando su cuerpo de nicotina. También ayudan después, cuando el tabaco no sea más que un recuerdo lejano, una nostalgia olvidada en un rincón de la memoria.

Meditación y relajación constituyen dos disciplinas orientales de remota antigüedad. Numerosas son las civilizaciones que las han practicado con asiduidad desde tiempos inmemoriales. Rejuvenecidas, actualizadas y adecuadas a nuestro tiempo y a nuestro objetivo, ambas disciplinas se presentan conjuntamente como un eficaz método de ayuda en el camino que lleva a dejar de fumar.

Como meditación se conocen los mecanismos y procedimientos destinados a aplicar el pensamiento y la reflexión a la consideración de una cosa. Cuando la meditación es seria y sistemática se convierte en un útil instrumento curativo.

Como relajación se conocen los mecanismos y los procedimientos destinados a conseguir la tranquilidad, el sosiego y la paz del cuerpo, tanto en sus aspectos externos como internos. Cuando la relajación es seria y sistemática, también se convierte en un eficaz instrumento de curación.

No conviene caer en el menosprecio de estas técnicas porque, aunque parezcan algo extraño en una sociedad tan tecnificada como la occidental, resultan insospechadamente importantes.

La meditación precede a la relajación El objetivo de la meditación y de la relajación, en general, es coordinar el cuerpo con la mente para lograr del individuo el máximo de sí. Ambas técnicas consideran al individuo holísticamente, como un todo global, indivisible. Entienden que la persona es algo íntegro que no puede separarse en partes.

De esta manera, entonces, cuerpo y mente pertenecen a un mismo organismo que, a su vez, necesita del buen funcionamiento de ambos. Las relaciones entre cuerpo y mente son recíprocas. Esto significa que el cuerpo puede influir de forma poderosa sobre la mente, y viceversa. Esa influencia puede ser positiva y favorecer actitudes beneficiosas para la persona, pero también puede ser negativa y condicionar un comportamiento equivocado.

En relación al tabaco, la meditación y la relajación tienen mucho que decir porque son capaces de coordinar las fuerzas que, en el fumador, permanecen sin una buena sintonía. Por ejemplo, el fumador que quiere dejar de fumar pero no lo logra; en este caso, mente y cuerpo no trabajan para un mismo fin, ya que mientras la mente quiere abandonar el tabaco, el cuerpo no lo consigue.

En las próximas líneas se estudiará la manera en que deben coordinarse cuerpo y mente para contribuir al gran propósito de dejar de fumar. Se trata de lograr que la mente influya sobre el cuerpo, y este, a su vez, sobre la mente.

Meditación durante la fase de preparación

Recordemos que la fase de preparación consta de tres semanas, durante las cuales hay que prepararse física y psíquicamente para dejar de fumar, incluso fumando. En esos veintiún días, el cuerpo se predispone para un consumo más reducido de calorías y para favorecer un mejor movimiento del intestino. Al mismo tiempo, se toma conciencia del hecho de fumar y se intensifica la actividad física para que, entre otras cosas, se descarguen los malos humores que pudieran acumularse.

Para que la preparación psicofísica sea completa sólo falta predisponer el cuerpo y la mente para fortalecer la decisión de no fumar, lo que se logra con la técnica de la meditación. La voluntad también saldrá fortalecida, preparada para poner de sí todo el vigor que hace falta para rechazar el cigarrillo.

Meditar significa pensar, reflexionando, sobre un tema determinado. Significa que ese tema, que presenta la forma de una frase o de un pensamiento, hay que analizarlo por cada una de sus vertientes. De esta manera, hasta sus más insospechados detalles pasarán por el tamiz de la serena reflexión, de la tranquila y sagaz meditación.

La meditación produce sorpresa. Esta verdad sólo pueden conocerla quienes dedican unos pocos minutos al día al trascendental momento de meditar. En efecto, la meditación sorprende a quien medita ya que le permite descubrir los aspectos ocultos de temas que, aparentemente, no daban más de sí. Esta sorpresa es agradable y pacificadora, y fortalece la voluntad y el deseo de superación.

Lo mejor es abrir la mente y el corazón y disponerse a meditar con sinceridad y sin prejuicios: la sorpresa se presentará por sí misma.

No se exigen horarios, situaciones o ambientes especiales, sólo meditar durante un rato de cada uno de los veintiún días de la fase de preparación. Hágalo a la hora y en las circunstancias que pueda, pero hágalo. No se arrepentirá, al contrario, ganará y quedará agradecido. Todos los temas son válidos aunque, lógicamente, debe insistir sobre los relacionados con la vida sana, la salud, el tabaco, el dejar de fumar...

A continuación se propone un breve pero importante tema de meditación para cada uno de los días de la fase preparatoria.

PRIMERA SEMANA

- **Lunes:** soy el director de mi propia película, y también soy el productor, el protagonista, el guionista e incluso el espectador más incondicional.
- **Martes:** soy capaz de construir mi propio camino y de caminar por él, e incluso soy capaz de llegar a la meta sin un combustible llamado tabaco.
- **Miércoles:** fumar es malo para la salud, pero ahora he aprendido que su nocividad «quema» a fuego muy lento, poco a poco, sin prisas pero sin detenerse.
- **Jueves:** ¿realmente soy capaz de dejar de fumar?; otras personas han sido capaces de dejar de fumar y ahora son ex fumadoras, por ejemplo...
- **Viernes:** de niño me miraba en el espejo y me imaginaba hombre; hoy me miro en el espejo y comienzo a imaginarme que soy un ex fumador, un ganador.
- **Sábado:** amo mi cuerpo y mi propia salud porque me permiten disfrutar de mis seres queridos, y porque a ellos les permite disfrutar de mí.
- **Domingo:** alguien, en esta oscuridad, me está dando la mano; ¿reconozco que es una mano amiga?, ¿estoy dispuesto a ofrecerle también mi mano?

SEGUNDA SEMANA

- **Lunes:** ¡uf!, huelo a tabaco, y apenas me doy cuenta de lo que huelo; por ejemplo, ¿recuerdo cómo es el olor infantil?
- **Martes:** el cigarrillo no favorece las relaciones entre las personas adultas y, al contrario, las dificulta; ¡quítame esta cortina de humo!
- **Miércoles:** puedo hacerlo todo igual de bien fumando que sin fumar, e incluso quizá las cosas salgan mejor sin estar tan «ahumadas».

- **Jueves:** la seguridad está aquí dentro, en mi interior, y yo soy el único que puede bajar hasta la profundidad de mi propio interior.
- **Viernes:** el tabaco esclaviza porque me ata a él; como las aves del cielo, yo soy libre, y quiero volar.
- **Sábado:** tengo la opción de desarrollar mis capacidades, y ahora la vida me brinda la oportunidad de hacerlo; no me quedaré atrás.
- **Domingo:** hoy daré buen ejemplo porque los buenos ejemplos revierten sobre uno mismo, como un bumerán; soy un buen ejemplo.

TERCERA SEMANA

- **Lunes:** veo accidentes de tráfico por la televisión y, sin embargo, no los imito; veo fumar por la televisión y no imitaré ese mal ejemplo.
- **Martes:** ¿el tabaco acompaña?, hay mejores compañías que los cigarrillos de esta cajetilla; quiero hablar y quiero que se me escuche.
- **Miércoles:** pensaba que el tabaco era mi amigo, y resulta que es mi enemigo porque me oye, pero no me escucha; me acompaña y después me deja tirado...
- **Jueves:** me gustará no fumar; para ello cuento con el apoyo de unas pocas personas, valiosas como el oro, pero serán jueces y censores si hace falta.
- **Viernes:** veré crecer a mis hijos, los veré buscar y encontrar la felicidad, y seré un abuelo bondadoso de los nietos más hermosos del mundo.
- **Sábado:** me entusiasma pensar en el día de mañana, creo firmemente en lo que pasará mañana y en lo que haré a partir de pasado mañana; no fallaré, yo puedo...
- **Domingo:** ¿creo en Dios?

Sobre todo durante la tercera semana de preparación, la libreta de apuntes puede servir como una importante fuente de meditación.

Recuerde que allí se encierran datos y cifras que realmente son para pensarlos, que merecen minutos de sana y objetiva reflexión. Haga cálculos otra vez, medite y vuelva a pensar sobre ellos.

Esta libreta contiene además un caudal de información muy importante, íntimo y personal. Se trata de los argumentos por los cuales decidió dejar de fumar y está dispuesto, en consecuencia, a continuar con esta terapia. Piense en ellos, analícelos una y otra vez, mírelos desde un punto de vista y desde el opuesto.

¿Qué quiso decir al escribir cada una de esas valiosas palabras? Una vez más, la clave reside dentro de uno mismo, escrita en la libreta de apuntes en este caso.

Es bueno meditar serenamente sobre estos argumentos. Hágalo en soledad y con sinceridad. Cuestione otra vez aquellas ideas y rechácelas o afiáncese en ellas. Considere que de este análisis no dará cuenta a nadie, que es privado. Los resultados lo sorprenderán.

Relajación durante la fase de desintoxicación

La meditación de la fase anterior permite que la mente vuelva a encontrar el camino correcto, es decir, aquel sendero por el cual caminar es más fácil, placentero y saludable. Este reencuentro no es más que un regreso a los orígenes, cuando el dúo cuerpo-mente aún no había sido modificado por los múltiples cambios, buenos y malos, que impone la vida moderna. También es un regreso al origen en cuanto que, forzosamente, se recordarán con todo detalle los tiempos en que no se fumaba.

El hecho de meditar incluye la actividad de la memoria. Se trata de rememorar un tiempo pasado, analizar hábitos pretéritos y revivir episodios ya vividos, aunque sea de manera puramente mental. Y será precisamente con este trabajo de recordar que comprobará cómo influye el estado psíquico sobre una actividad determinada. Por ejemplo:

- Una semana de duro trabajo puede representar siete días de «tortura» o de agradable «vértigo» laboral.
- Una semana de vacaciones en la montaña puede representar siete días aburridos o siete días de agradable relax.
- Una semana teniendo la suegra en casa puede representar siete días insoportables o siete días de mutuo enriquecimiento.
- Una semana de no fumar puede representar siete días desesperados o siete días de demostrarse a uno mismo que se puede estar sin fumar.

Todo dependerá del espíritu con que cada uno afronte la semana. Hay un ejemplo clásico: ante media botella de vino, habrá quien piense que está «medio vacía» y quien crea que está «medio llena». Efectivamente, una misma circunstancia puede vivirse con dos actitudes diferentes, opuestas y divergentes. Se trata de escoger una de las dos. Optando por una, la vida es agradable, sana y optimista, y optando por la otra, constituye un sufrimiento insalubre y pesimista.

¿Cómo elegir entre una y otra?: analizando el pasado mediante la meditación y buscando el descanso psicofísico que ofrece la relajación. Ésta ayuda positivamente a dejar de fumar por dos motivos:

- La relajación produce unos efectos físicos que se suman a los efectos psíquicos que originó la meditación. De esta manera, cuerpo y mente se encuentran en condiciones óptimas para ver con optimismo que ya no se fuma ni se fumará jamás. Afrontar con éxito la fase de desintoxicación se convierte así en un desafío agradable, sano y al alcance de la mano.
- La relajación que sigue a las tres semanas previas de meditación permite que cuerpo y mente se encuentren con mejor predisposición para sobrellevar los momentos de nerviosismo, ansiedad o mal humor que pueden aparecer durante la fase de desintoxicación.

Ciertas palabras que Buda pronunciara a sus discípulos («con plena conciencia inspira, con plena conciencia espira») dan la clave para encontrar la tan necesaria relajación del cuerpo y de la mente. Adaptadas a un lenguaje occidental y moderno, aquellas palabras significan, hoy día, que conviene tomar plena conciencia de aquello que se hace automáticamente. Aquí radica uno de los secretos fundamentales de la relajación.

No se trata de recurrir a métodos ni sistemas complejos; no es cuestión de dedicar horas y más horas, ni tampoco de desmontar la agenda para volver a organizarla en relación a un nuevo calendario más relajado. Todo lo contrario. Se trata de aprovechar lo que ya está establecido, lo que ya es costumbre, pero aprovecharlo bien y sacarle el máximo de partido. He aquí unos ejemplos concretos:

A LA HORA DEL DESAYUNO

Muchas personas suelen desayunar al mismo tiempo que miran las noticias por televisión o leen el periódico. Los fumadores aprovechan también para encender el primer cigarrillo (o los dos primeros, en más de un caso). Procure levantarse quince minutos antes de la hora habitual, lo que no representa gran esfuerzo, e intente que el desayuno sea sin televisión, periódico ni cigarrillos. Desayune en paz, sin estrés, tranquilamente, sin prisas, disfrutando del momento. Mientras lo hace, converse con sus hijos o con su pareja (o con su propio interior, según la situación de cada uno). Dialogue en sentido positivo, es decir, no regañe, no exija resultados... Todo lo contrario: haga los mejores planes para ese día, solo o en familia.

AL MEDIODÍA

La hora del mediodía suele coincidir en el trabajo o volviendo de él, y acostumbra a hacerse con una sensación de cansancio, mal humor o hastío. Buscar la relajación significa esforzarse en superar las «malas ondas» de ese momento y convertirlas en estímulos positivos. Seguramente sale del trabajo para ir a comer o para regresar a casa; pues bien, antes de hacerlo, vaya al lavabo y mójese, con abundante agua fría, la cara, las sienes y la parte delantera de ambas muñecas. Esto le provocará una curiosa sensación de bienestar y recuperación, sensación con la que saldrá a la calle. Una vez allí, no vaya directamente a casa o al restaurante; antes, dé una o dos vueltas a la manzana. Hágalo pausadamente, sin prisas, esforzándose en dar valor a cada paso, a cada gesto, a cada instante de ese paseo en libertad. Inspire profundamente, llene sus pulmones al máximo; luego, espire muy poco a poco.

POR LA TARDE

A media tarde conviene detener la maquinaria del cuerpo durante un cuarto de hora y descansar. Este descanso puede hacerse en casa o en el trabajo, en un banco de la plaza o en una silla cualquiera. Siéntese, tranquilo y dispuesto a permanecer allí unos quince minutos. Cierre los ojos, ponga las manos sobre el regazo y deje la mente en blanco (no aproveche ese rato para analizar su próxima reunión o las palabras que acaba de decirle el jefe). Respire tal como lo hizo al mediodía. Después, si las circunstancias lo permiten, tómese una infusión de tila o un vaso de leche desnatada, preferentemente con miel.

DESPUÉS DE CENAR

El tiempo que media entre la cena y el momento de acostarse es el más propicio para la relajación. Busque los quince minutos más adecuados para ello; quizá los encuentre después de acostar a los niños, tras fregar los platos, tras escuchar las noticias de la televisión, después de leer el periódico... Permanezca en silencio en el sofá, con las piernas sobre un puf, el ambiente a oscuras y relajado. Respire como ya sabe hacerlo, una y otra vez. En esta ocasión no deje la mente en blanco: analice el día que se acaba. Sobre todo, analice que hoy no ha fumado, que mañana no lo hará, ni tampoco fumará el resto de su vida, y que pese a ello, el mundo sigue girando. Ha podido hacer aquello que se propone, y así va ganando una dura batalla y es usted más feliz. Luego, abra los ojos y retome las últimas actividades del día.

Relajación y meditación durante la fase de mantenimiento

Superadas las fases de preparación y de desintoxicación, puede considerar que ya ha superado casi todos los obstáculos que jalonan el camino para dejar de fumar definitivamente. Convénzase: esto es un logro extraordinario y sólo llegan hasta aquí las personas que se lo proponen y confían, sobre todo, en su propio espíritu de superación.

El hecho de haber llegado hasta aquí significa también que conoce el método, que entiende el qué y el cómo, y que también conoce el peligro y el riesgo de recaer en la trampa del tabaco. No se engañe y no baje la guardia.

La fase de mantenimiento, como ya sabe, comienza tras despegar y tirar el último parche, y no acaba nunca, es decir, es para siempre. Es necesario tener muy claro que ya no se fuma nunca jamás y que para mantenerse firme en este objetivo será preciso permanecer alerta. Ya aprenderá que el mantenimiento resulta fácil y sencillo. No requiere grandes esfuerzos ni molestias porque, de hecho, ni siquiera apetece fumar, pero también aprenderá que esta fase no es gratuita: algo debe poner uno de su parte.

Sabiendo esto último se comprende que la meditación y la relajación se convierten en las armas más importantes para mantener activas las defensas contra el tabaco. Se trata de permanecer a la defensiva. Ya no se habla de luchar contra la enfermedad, sino de conservar las defensas contra ella, por si «atacara» otra vez.

Conserve las ideas antes expresadas sobre la meditación y la relajación porque le serán útiles para la fase de mantenimiento. Póngalas en práctica en la medida en que las necesite. Recurra a los recuerdos porque son un instrumento valioso para no volver a «tropezar» con el tabaco.

TRUCOS PARA SOLUCIONAR PROBLEMAS

En otros apartados de este libro se ha comentado que la intención de estas líneas no es engañar a nadie ni ocultar partes de la verdad, nada queda oculto. Quiero decir, por tanto, que aparecerán momentos de flaqueza.

Efectivamente, durante el proceso de dejar de fumar surgirán momentos de debilidad, minutos en que tendrá la fuerte tentación de fumar un cigarrillo («apenas uno», se dirá, ingenuamente). No estoy hablando de una posibilidad (no digo «podrían aparecer momentos...»), sino de una certeza. Estoy seguro que esos instantes de flaqueza aparecerán porque así lo han confirmado numerosos pacientes y porque lo he experimentado yo mismo. Y por eso cabe insistir en que habrá momentos duros al principio.

Así como tengo la certeza de que existirán esos momentos duros, también tengo la certeza de saber cómo eliminarlos o superarlos. A continuación encontrará los trucos y las artimañas de que puede valerse para alejar la tentación de fumar un cigarrillo. Son varias ideas; escoja la que más se adecue a cada momento en particular.

No exponerse a las circunstancias

Es un truco elemental, pero poderoso. Por todos los medios que tenga a su alcance, huya de las circunstancias que ya conoce que le darán ganas de fumar. Por ejemplo, si sabe que sus compañeros de comida fumarán durante la sobremesa, sea drástico y no participe de ella (en la próxima ocasión, probablemente los demás no fumarán para respetar su deseo de no fumar).

Si se detiene a pensar un momento, descubrirá que durante el día existen bastantes situaciones en las cuales se puede evitar un ambiente en el que se fuma. No se exponga a esas circunstancias e intente huir de ellas; hágalo dentro de lo que se pueda, obviamente. Si no fuera posible, recurra a alguno de los trucos siguientes para solventar el momento.

Tener algo en la mano

Quien fuma tiene siempre algo en la mano: un cigarrillo. Y aunque no esté fumando, suele entretenerse dando vueltas y más vueltas al encendedor, por ejemplo. La misma idea puede convertirse en un maravilloso instrumento para disuadir las ganas o la tentación de fumar, pero jamás juguetee con un mechero, un cigarrillo sin encender ni nada que se relacione con el tabaco.

Sobre todo durante reuniones o mientras está viendo la televisión es una buena idea mantener un bolígrafo entre los dedos. También será útil juguetear con algún pequeño objeto de plástico o de madera, aún mejor si se trata de cualquier objeto relacionado con la familia (para recordarla en todo momento y no olvidar que ellos merecen que usted conserve una buena salud).

Chicles y caramelos sin azúcar

Hoy día existen múltiples sabores de caramelos, pastillas y chicles sin azúcar. Son sumamente eficaces a la hora de ahuyentar un repentino deseo de fumar que pueda aparecer a cualquier hora del día, sobre todo después de comer o de tomar café.

Los más recomendables son los de sabor a menta, mentol o limón. Insisto en que sean sin azúcar por dos motivos básicos:

- Se contribuye a controlar el peso del fumador.
- La ausencia de azúcar ayuda a mantener una boca con buen aliento, limpia y sin caries. Además, al no ser dulces, dejan una fresca sensación en la boca.

Salir a caminar

Aunque no siempre es posible hacerlo, salir a caminar constituye un recurso tradicional y eficaz. No se precisa una gran caminata para ahuyentar las ganas de fumar que pudieran alterar la paz del ex fumador, sino que basta con dar una vuelta a la manzana, o bien ir dos o tres calles más allá y regresar por la otra acera.

Como no es un paseo, será mejor mover las piernas con energía, balanceando los brazos si hiciera falta. El objetivo consiste en descargar el mal humor, gastar la adrenalina que sobra y permitir que el organismo vuelva a la paz que disfrutaba originalmente. Con la misma sabiduría hay quien sube y baja escaleras, aprovechando que trabaja en un edificio de oficinas, o quien toma una ducha de agua tibia en su casa.

Recurrir a las infusiones

Las infusiones constituyen otro recurso eficaz para moderar la tentación de querer fumar. Pueden consumirse con toda libertad, ya que es muy improbable llegar a abusar de infusiones. De hecho, aun tomando varias tazas al día, siguen siendo eficaces a la vez que inofensivas. Eso sí, siempre sin azúcar, para evitar una eventual ganancia de peso; consúmalas sin endulzar o con sacarina (tampoco use miel). Las infusiones más aconsejables son las siguientes:

- manzanilla
- tila
- boldo
- menta piperita

En las herboristerías se vende una mezcla de zarzaparrilla, abedul, escrofularia, dulcamara, brusco, fumaria, sen y raíz de China. Resulta una combinación particularmente acertada porque, además, tiene cierto efecto depurador; comercialmente recibe el nombre de Sanaflor DPV-3 (de la empresa Santiveri). La cantidad a tomar al día varía entre dos y tres vasos, preferentemente antes del desayuno, la comida y la cena.

Un buen enjuague bucal

Los enjuagues bucales son apropiados para alejar un momentáneo y molesto deseo de fumar porque refrescan la boca y dejan una intensa y agradable sensación de bienestar. En las farmacias encontrará varios de ellos, diferentes en cuanto al sabor pero similares en su composición química. Puede escoger el que más le guste o bien consultar con el farmacéutico. El más apropiado, en mi opinión, es el de la marca Listerine, tanto en su sabor original, como en los de menta fresca y mentol.

También son útiles, si no tiene problemas dentales ni en las encías, los enjuagues bucales o buches realizados simplemente con agua fría. Otra alternativa válida para estos casos consiste en preparar un vaso de agua fresca con unas gotas de limón natural, sin azúcar, y beberlo a sorbos tras mantener el líquido durante unos segundos en la boca.

Cambiar el ángulo de visión

Cambiar el ángulo de visión es un recurso curioso y efectivo, pero que requiere una dosis de imaginación y de fuerza de voluntad. Se trata de ser capaz de escapar del esquema mental en que surgió el deseo de fumar y así, pensando en otra cosa, mirando hacia otro lado o concentrándose en otro asunto, distraerse un momento. Esta distracción, pasajera y transitoria, provoca que el deseo de fumar se esfume con rapidez.

Aplicando el mismo criterio de distraerse pensando en otra cosa, también resulta recomendable volver a pensar en aquellos argumentos que, un tiempo atrás, lo llevaron a tomar la decisión de iniciar este plan para dejar de fumar. Se trata de recordar las notas escritas en esa libreta de apuntes; haciéndolo, no permanecerá indiferente.

En conclusión

Sabemos que los parches de nicotina quitan las ganas de fumar, es cierto, pero debe reiterarse que los parches quitan el deseo físico de fumar, nada más. Los parches no evitan la costumbre de fumar en tales o cuales circunstancias, el deseo de fumar un pitillo porque es la hora en que lo hacía, o porque están fumando sus amigos.

Este deseo de fumar por culpa de la costumbre personal o social requiere un poco de fuerza de voluntad y una mentalización adecuada, que se logra con facilidad mediante la fase de preparación y mediante la meditación y la relajación. Aun así, todos contamos con una serie de pequeños pero efectivos trucos para ayudar a solventar los momentos difíciles que, sin duda, se presentarán a lo largo del proceso que lleva a dejar de fumar.

La experiencia personal y la de diversos ex fumadores enseña un hecho curioso: cada persona acaba creando sus propios trucos para alejar la tentación de querer fumar. En efecto, aparte de los ya conocidos, existen otros tanto o más efectivos. Hay que abrir la mente y crear soluciones personales a problemas comunes.

Métodos tradicionales
para dejar de fumar

Este libro propone combinar dos métodos para dejar de fumar (los parches de nicotina y la acción conjunta de la meditación y la relajación) porque el autor cree firmemente que es el mejor sistema para dejar de fumar, pero nadie es dueño de la verdad. Y porque ni este libro ni su autor poseen la verdad absoluta, en este capítulo se exponen otros sistemas que persiguen el mismo propósito: curarse de esta enfermedad llamada tabaquismo. Todos los métodos son correctos, alguno mejor que otro, y tal vez alguno se adapte más al estilo o a la personalidad de cada individuo.

Me consta que muchas personas han dejado de fumar siguiendo algunos de los métodos expuestos a continuación. No se trata de escoger el que le guste más, sino de encontrar el que mejor se adecue a su situación personal. En general, pueden recomendarse particularmente para los fumadores que consumen menos de diez o quince cigarrillos al día.

CHICLES DE NICOTINA

Los chicles de nicotina actúan según el mismo principio con que lo hacen los parches, es decir, desintoxican el cuerpo mediante la liberación paulatina de dosis progresivamente menores de nicotina. Los parches liberan su carga de nicotina a través de la piel, mientras que los chicles lo hacen a través del delicado revestimiento interior de la boca. El objetivo es el mismo, lo que resulta diferente es el camino.

Los chicles tampoco constituyen un remedio mágico para dejar de fumar: son una ayuda muy eficaz, pero no hacen milagros. El tratamiento con chicles de nicotina quita las ganas de fumar, pero el fumador debe contribuir con el esfuerzo de no caer en la tentación de fumar en las situaciones en las que antes lo hacía. Igual que con los parches...

El sistema de los chicles es sencillo y efectivo. Todo comienza cuando el fumador decide firmemente dejar de fumar; si cuenta con el apoyo de su familia y de sus amigos, mejor. El método obliga al fumador a tirar, la noche anterior al «gran día», todos los cigarrillos, encendedores y ceniceros que se tengan en casa, y a la mañana siguiente se inicia el tratamiento con los chicles de nicotina.

A partir de ese día, cada vez que el individuo siente el intenso deseo de fumar, mastica un chicle. Debe hacerlo lentamente, poco a poco, permitiendo que la goma de mascar libere la nicotina que liberaría un cigarrillo. De esta manera, el cuerpo sólo recibe la nicotina, pero no el resto de elementos tóxicos que contiene el humo del tabaco. En general, la persona fumadora podrá controlar perfectamente sus síntomas con la masticación de entre ocho y doce chicles al día; no obstante, si lo necesita, puede consumir alguno más.

La duración del tratamiento varía considerablemente de fumador a fumador, pero en la mayoría de los casos, serán necesarios unos tres meses continuados para completar el proceso de desintoxicación. Durante las últimas semanas conviene ir disminuyendo poco a poco la cantidad de chicles al día para evitar cualquier posible reaparición del deseo de fumar. Los resultados merecen la pena, pues son numerosas las personas que lograron abandonar el tabaco con este sistema.

Existen dos clases de chicles de nicotina:

- **Nicorette, chicles de 2 mg:** para personas que fumaban menos de 20 cigarrillos al día.
- **Nicorette, chicles de 4 mg:** para personas que fumaban más de 20 cigarrillos al día.

También existen los Nicorette Mint (chicles de 2 mg), aptos para los que fumaban menos de 20 cigarrillos al día; consumidos de dos en dos, también son adecuados para los que fumaban mayor cantidad. Como es fácil de imaginar, este chicle se diferencia de los otros en su sabor a menta.

Las tres clases de chicles de nicotina se venden en la farmacia sin necesidad de receta médica, pero es bueno que el médico de cabecera sepa que su paciente los utiliza. Se presentan en envases de 30 o 105 chicles.

Técnicamente, los chicles de nicotina son medicamentos. Por este motivo se venden en la farmacia y se recomienda un cierto control médico. Como toda medicina, tienen efectos secundarios y contraindicaciones. Entre los primeros hay que considerar la posibilidad de que produzcan náuseas, dolor de cabeza, mal humor, hipo, dolores musculares, etc.

No conviene masticar el chicle mientras está comiendo o bebiendo, pues disminuye sensiblemente su efecto beneficioso. Las personas que usan dentadura postiza podrían encontrar dificultades a la hora de masticarlos.

Como contraindicaciones cabe citar las siguientes:

- Bajo ningún concepto, embarazadas, madres que estén dando de mamar o niños pueden consumir chicles de nicotina.
- Tampoco deberán hacerlo aquellas personas que padezcan enfermedades coronarias (angina, infarto), de los vasos sanguíneos (embolia, trombosis) o diabetes, excepto si el médico supervisa el tratamiento.
- Por supuesto, quien mastica chicles de nicotina no debe fumar.

GRUPOS DE AUTOAYUDA

Los grupos de autoayuda han demostrado tener una extraordinaria utilidad, sobre todo porque son eficaces y pueden organizarse en centros cívicos, colegios, instituciones, clínicas, balnearios, centros de belleza... Para su organización sólo hace falta un lugar adecuado, un grupo de fumadores que quieran dejar de serlo y la presencia de dos terapeutas.

Este último punto es controvertido: algunos especialistas opinan que deberían ser psicólogos, pero otros se decantan por dos personas ex fumadoras que hayan dejado el tabaco con este mismo sistema.

Lo ideal es un grupo de entre cinco y quince fumadores, adultos y adolescentes por separado (no es necesario separar por sexos). Deberán sentarse en círculo de tal manera que, por ejemplo, dos amigos o una pareja no se sienten juntos. Los terapeutas se ubican en sitios opuestos del círculo, más o menos equidistantes. Los asistentes no podrán fumar durante la primera sesión, aunque sí fuera de ella; a partir de la segunda reunión ya no se fuma más, en ninguna parte.

La ventaja de esta terapia de grupo radica en que se pueden compartir vivencias, alegrías, frustraciones y experiencias; al mismo tiempo, todos sienten la agradable sensación de estarse ayudando unos a otros, mutuamente. Si los terapeutas son ex fumadores y antiguos miembros de un grupo de autoayuda, la persona que participa en la reunión se sentirá particularmente comprendida y mejor predispuesta a seguir los consejos de aquel individuo que demuestra, en sí mismo, que se puede dejar de fumar.

La condición de grupo hace que cada uno de los miembros se sienta presionado por el resto, con lo cual el abandono del cigarrillo deja de ser un problema personal y pasa a ser un problema grupal. Así, en el grupo se despiertan sentimientos de cohesión, mutua confianza, solidaridad y recíproca responsabilidad entre sus integrantes.

En general, se realizan seis o siete sesiones de acuerdo al siguiente esquema:

Primera sesión

Es el momento propicio para la formal presentación de cada miembro del grupo. Cada uno se presenta a sí mismo identificándose como más le guste. Durante el tiempo de reunión habrá tiempo y libertad de expresión para que cada uno diga, si le apetece, las razones que lo llevaron a inscribirse en el grupo de autoayuda. Los terapeutas explican cómo es el sistema y en qué consiste la terapia grupal. Por último, el grupo fija un día determinado para dejar de fumar, en general una semana o diez días después de esta primera sesión (la fecha que se elija no podrá modificarse por ninguna razón).

Segunda sesión

El día de la segunda sesión es aquel en que el grupo acordó dejar de fumar; por tanto, nadie ha fumado absolutamente nada desde la mañana. Con toda libertad y confianza, cada uno explica las sensaciones que presenta. Asimismo, es bueno que cada uno exprese sus expectativas para los días siguientes, es decir, si se ve con ánimo y suficiente fuerza de voluntad para continuar (en ese momento, la presión y el ejemplo del grupo son de la máxima importancia). Los terapeutas explican los síntomas propios de los primeros días de abstinencia de cigarrillos.

Tercera sesión

La tercera sesión suele llevarse a cabo tres o cuatro días después de la segunda, y su función consiste en afianzar la moral de sus integrantes porque se llevan varias jornadas sin fumar. Es importante que los terapeutas expliquen su propia experiencia e induzcan al grupo a expresarse con total sinceridad. De manera recíproca, en esta sesión pueden entregarse la dirección y el número de teléfono de los miembros del grupo para que todos sepan que, aun fuera del entorno terapéutico, unos pueden contar con los otros.

Cuarta sesión

A criterio de los terapeutas, la cuarta sesión puede consistir en una salida del grupo al cine, a cenar, a pasear, a ver un partido de fútbol, etc. El objetivo consiste en demostrar (y que cada uno lo compruebe en su propia piel) que es posible la diversión y la vida social sin cigarrillos. Una vez más, la posibilidad de que cada uno pueda expresar sus vivencias respecto a la abstinencia de tabaco es ejemplificadora para el resto de miembros del grupo. Estos, por su parte, apoyan y animan a los que puedan manifestar desaliento, frustración o desesperanza.

Sesiones posteriores

Estas sesiones se programan según un calendario que el mismo grupo elige atendiendo a sus propias necesidades; en general, suelen organizarse a razón de una sesión por semana. Su propósito es permitir la libre expresión de los integrantes del grupo, ahora libres de la esclavitud del tabaco, y dejar actuar al grupo, como conjunto, sobre cada uno de sus miembros.

Por otro lado, los terapeutas insisten en la necesidad de no bajar la guardia y en la importancia de mantenerse siempre alerta de no caer en la tentación.

Una sesión mensual

Algunos especialistas consideran necesario que el grupo se reúna una vez al mes durante un tiempo indefinido. Se trata de mantener la cohesión entre sus miembros y de conservar la fuerza que les otorga la condición de permanecer unidos. También sirve de ayuda, si es el caso, a quien se ausenta de una sesión semanal porque ha recaído. Los terapeutas insistirán en que el equipo formado tiene una fuerza poderosa e invencible.

ACUPUNTURA

La acupuntura es una técnica milenaria cuyo valor como sistema de ayuda para dejar de fumar resulta incuestionable hoy día, aunque como pasa con todo, a algunas personas no les ha dado resultado (esto ocurre, probablemente, porque no están del todo convencidas de que la acupuntura hace una parte y el individuo debe hacer el resto).

Se trata de una disciplina de origen chino, conocida desde hace unos cuatro mil años. Las primitivas agujas se fabricaban con hueso, bambú o cerámica, y cuando se dominó el arte del metal, de oro, plata, hierro o cobre. Las que se utilizan hoy día son de acero inoxidable, desechables después de su uso.

La acupuntura penetró en el mundo occidental gracias a los misioneros jesuitas en el s. XVIII. Sin embargo, fue Solié de Morant (1878-1955), cónsul francés en China, quien realmente inició la difusión de esta técnica en Europa.

Esta antigua disciplina tuvo que esperar mucho tiempo hasta que las autoridades competentes la reconocieran de forma oficial: en 1947, por el propio gobierno de la República Popular de China, y en 1979, por la Organización Mundial de la Salud (OMS).

Actualmente se admite que la acupuntura permite equilibrar la energía de los órganos del cuerpo y, de esta forma, normaliza sus posibles disfunciones. Los médicos especialistas en acupuntura enseñan que el cuerpo humano constituye una forma de energía y que es posible sentir esa energía. Este concepto parece contradecirse con el mundo occidental en que vivimos, caracterizado por las comunicaciones, la tecnología y las luces de colores. No obstante, la acupuntura y el resto de ramas de la medicina tradicional china insisten en que hay que ser capaces de conectar con la naturaleza y de conocer el lenguaje del propio cuerpo. Procediendo así, el paciente fumador tomará un papel activo en su proceso individual de curación, aprenderá a relacionarse con el entorno de una manera nueva y positiva, tomará mayor responsabilidad de su salud y cambiará los aspectos de su vida que le resulten negativos.

En general, la acupuntura propone un plan antitabaco que comienza con la firme convicción de dejar de fumar; esto es de la máxima importancia. No se puede asistir a la sesión de acupuntura «para ver si con las agujas dejo de fumar», sino que debe acudirse con la más absoluta seguridad de que se abandonará el hábito de fumar desde la primera aguja. El terapeuta adaptará el método a cada paciente individual, personalizando así el tratamiento. Se trata de adaptarse a las circunstancias personales y familiares de cada uno, y de asumir su entorno, sus problemas, sus dificultades y sus deficiencias, pero también se trata de explotar sus virtudes, su potencial y el deseo de superación.

Acostumbran a estimularse los puntos relacionados con la voluntad, para afianzarla. También se estimulan los puntos del olfato y del gusto (para rechazar el olor y el sabor del tabaco), los del riñón (para eliminar toxinas) y los que favorecen la necesaria tranquilidad para dejar de fumar. La ansiedad queda controlada y, con ello, la tentación de fumar y el deseo de comer en exceso.

Estos objetivos suelen conseguirse mediante dos sesiones semanales durante tres semanas seguidas; luego, una sesión por semana durante otras tres semanas consecutivas, y por último, alguna sesión quincenal para reforzar al paciente si realmente lo necesita. Cada sesión dura una media hora.

En conclusión, la acupuntura brinda una alternativa válida como ayuda para dejar de fumar. Es una técnica que llega de oriente cargada con siglos de experiencia, pero, antes que nada, el individuo debe estar plenamente convencido de que realmente quiere dejar de fumar y está dispuesto a realizar el esfuerzo.

Psicoterapia

La psicoterapia es un método de tratamiento útil para diversos problemas de salud, incluyendo el tabaquismo. Debe ser realizado por un especialista en psicología mediante sesiones individuales cuya duración no llega a una hora. El sistema es beneficioso, especialmente cuando se integra dentro del «plan de cinco días» que luego se comentará.

En general, el proceso comienza por conocer, con todo detalle, la magnitud del problema. Se trata de averiguar la intensidad de la dependencia del fumador a la nicotina y cómo el hecho de fumar contribuye a desarrollar las actividades de cada día. Luego se programan una serie de sesiones de psicoterapia; tanto su número como su frecuencia dependen de las características de cada caso.

En la primera sesión, el terapeuta acostumbra a recoger información para estructurar el historial clínico, tras lo cual explica el método que plantea para dejar de fumar. Este suele consistir en el registro minucioso, hora a hora y día a día, de todos los cigarrillos que se fuman en un determinado período. Este registro escrupuloso lleva rápidamente a tomar plena conciencia de lo mucho que se fuma y de cómo se podría evitar el tabaco sin generar perturbaciones en la vida cotidiana. La sesión termina con la firme determinación de no fumar a partir de una fecha que se fija en ese mismo momento y que no debe modificarse.

Durante la segunda sesión se revisa el registro de los cigarrillos fumados y se programa la forma de evitarlos. Terapeuta y paciente diseñan las estrategias que harán más llevaderos los primeros días sin tabaco. A partir de la sesión número tres, en general, el paciente ya no fuma. Los encuentros siguientes afianzan la voluntad del paciente y lo animan a continuar. A lo largo de esos días queda patente la importancia de los trucos para no caer en la tentación de fumar, tanto desde el punto de vista físico como psíquico.

TRATAMIENTO FARMACOLÓGICO

Las ciencias médicas y farmacéuticas mantienen una estrecha relación en lo referente a investigar nuevos medicamentos que ayuden a dejar de fumar. Varios productos de este tipo están disponibles para lograr tal objetivo, aunque todos exigen el control y la receta del médico. Aunque los parches y los chicles de nicotina también son medicamentos, en este apartado trataremos otro tipo de fármacos.

No existe ningún medicamento que haga que uno deje de fumar de un día para otro, como si se tratara de un milagro o de un efecto mágico y misterioso, pero sí existen medicinas que ayudan a abandonar el tabaco o que actúan como apoyo de otro método para dejar de fumar. Estos fármacos se agrupan en tres clases de tratamientos terapéuticos:

- terapia tranquilizante
- terapia antinicotina
- terapia del desagrado

Terapia tranquilizante

La terapia tranquilizante recibe el nombre de inespecífica porque combate, de manera general, los síntomas derivados de la falta de nicotina: ansiedad, mal humor, enfado fácil, nerviosismo, hambre exagerada... También actúa sobre los frecuentes cambios de humor propios de estas circunstancias. Se trata de:

- **Sustancias sedantes:** benzodiacepinas, buspirona...
- **Sustancias antidepresivas:** doxepina...

Por la propia condición de tales, estas medicinas sólo deben consumirse con indicación médica y debe recordarse que pueden provocar efectos secundarios y, en algunos casos, dependencia. La buspirona quizá sea el medicamento más idóneo para combatir una ansiedad que no haya podido controlarse de otra manera.

Terapia antinicotina

Los medicamentos en los que se basa estas terapia son dos:

- hexametonio
- mecamilamina

Su acción positiva se produce a través del bloqueo de los supuestos efectos placenteros que obtiene el fumador cuando inhala el humo. Por este motivo pueden resultar útiles para quienes quieran abandonar la costumbre del tabaco y estén bien mentalizados para ello. No obstante, la posibilidad de algunos efectos secundarios importantes hace que sólo sean recomendables en situaciones concretas y bajo estricto control médico.

A pesar de todo, estos medicamentos (o aquellos que las investigaciones farmacológicas consigan derivar de ellos) constituyen una esperanza para el futuro porque, al menos desde un punto de vista teórico, se trata de sustancias que pueden convertir el hecho de fumar en un acto insípido e incapaz de provocar sensación o placer alguno.

Terapia del desagrado

Este grupo incluye una sola sustancia medicamentosa, el acetato de plata, que se administra en forma de chicle. Este es diferente del chicle de nicotina, aunque también se vende en la farmacia con el objetivo de dejar de fumar. Debe masticarse uno apenas levantarse por la mañana, y varios chicles más durante el resto del día porque su efecto es breve y transitorio.

La forma en que actúan estos chicles resulta curiosa. El acetato de plata es una sustancia insípida, pero cuando entra en contacto con los sulfitos del humo del tabaco, deja en la boca un sabor sumamente desagradable, aunque inofensivo. De esta manera, apenas a la primera calada, el individuo se ve obligado a dejar el cigarrillo. El sistema es original, además de efectivo según la personalidad de cada uno.

El «plan de cinco días»

El llamado «plan de cinco días» es un popular método para dejar de fumar. Numerosas personas del mundo entero consiguieron abandonar el tabaco gracias a este sistema, que cuenta ya con muchos años de experiencia. De hecho, durante mucho tiempo, este plan constituyó el método más eficaz para dejar de fumar hasta la llegada de los parches de nicotina. Aun así, hoy día conserva su vigencia y sigue siendo una alternativa válida, eficaz y rápida. Debe decirse, sin embargo, que presenta dos inconvenientes:

- Exige una fuerte dosis de buena voluntad.
- La posibilidad de recaída no es despreciable.

El plan se basa en desintoxicar el organismo de nicotina por medio de una dieta adecuada. Al mismo tiempo, pretende modificar los hábitos y las costumbres para alejarse de las situaciones y las circunstancias en que antes se fumaba. Basta con poner lo máximo por parte de uno mismo. A continuación se explica el detalle del plan de cinco días, recomendando que el primero sea un sábado.

Días previos

Es absolutamente necesario que la persona fije el día en que dejará de fumar, es decir, que marque en su agenda cuál será «el primer día». Una vez fijado, no debe posponerse por nada del mundo, ya que se corre el riesgo de postergarlo de manera indefinida. También es absolutamente necesario que el individuo se mentalice de dos cosas:

- **Los problemas que representa el hecho de fumar:** ya sean físicos, psíquicos, sociales, deportivos, sexuales, económicos...
- **Las ventajas que significará el hecho de dejar de fumar:** vivir sin tos, menos infecciones pulmonares y de garganta, mayor capacidad para la actividad laboral, deportiva y sexual, ahorro de dinero...

Sin esta doble mentalización no merece la pena continuar con el plan, sino que sería más útil postergarlo un mes. Por el contrario, cuando se logra esta mentalización, de manera natural surge el deseo firme de dejar de fumar.

La noche anterior

Durante el día anterior a la fecha definitiva es bueno que el fumador converse con su pareja (o con alguien de confianza) para comunicarle su decisión de dejar de fumar y pedirle la ayuda necesaria. Efectivamente, se trata de que quien deja de fumar tenga un cómplice y, a la vez, un juez, alguien que pueda alentarlo, insistirle y perdonarle el mal humor, además de regañarlo si llega el caso.

Por la noche, el candidato a dejar el tabaco fumará su último cigarrillo. Luego tirará al cubo de la basura todo lo relacionado con el tabaco: cigarrillos sobrantes, ceniceros, mecheros, cerillas... Es necesario ser inflexible y si este drástico comportamiento cuenta con un testigo, mejor.

Luego, una ducha de agua tibia antes de ir a la cama, y acostarse con una idea en la cabeza: «mañana no fumaré; hoy es viernes, mañana es sábado y no fumaré; a partir de mañana, sábado, ya no fumaré; puedo dejar de fumar a partir de mañana, sábado»...

El primer día

El sábado constituye el primer día del plan de cinco días para dejar de fumar. Es una jornada en la que la persona se repite con insistencia la mentalización con que se acostó la noche anterior, y el día en el que el cuerpo se desintoxica de nicotina a base de esta dieta:

- Beber mucha agua durante el día (tres o cuatro litros).
- Comer fruta y beber zumos de fruta natural, la cantidad y la variedad que se quiera, porque ese día no se podrá comer otra cosa.
- El primer día están prohibidos el café, el té y las bebidas alcohólicas.

Esta dieta no permite que se coma absolutamente nada más que frutas o zumos (si tiene hambre puede recurrir a los frutos secos, como avellanas, nueces, almendras y cacahuetes). Los resultados son sorprendentes: el cuerpo elimina la nicotina a través de la excreción abundante de orina. Es útil complementar la dieta con varios paseos, al mismo tiempo que se inspira y se espira lenta y profundamente.

El segundo día

El segundo día completa la desintoxicación corporal que se inició durante la jornada anterior. La dieta es similar, pero incorpora más calorías en forma de verduras, que pueden comerse crudas o cocidas, aderezadas con aceite. Las ensaladas son particularmente recomendables. Sigue resultando válido el consejo de beber agua en abundancia, pero siguen prohibidos los estimulantes (café, té y alcohol).

Aprovechando que es domingo, conviene buscar «apoyo espiritual» en la soledad de largos paseos por el barrio, el parque...; al mismo tiempo, debe huirse de la soledad en casa, peligrosa porque puede generar una tentación. La pareja, o aquella persona de confianza del fumador, adquiere hoy un papel primordial: hable con ella, explíquele lo que siente, salgan a caminar...

Este plan recomienda dos duchas diarias para cada uno de los cinco días. La primera es matinal, apenas levantarse, con agua más bien fresca (no fría) y acompañada de un frotamiento vigoroso y revitalizante de todo el cuerpo para devolver a la piel la lozanía que el tabaco le quitó; para ello puede usar una esponja, una manopla o, simplemente, la mano. La segunda ducha diaria es justo antes de acostarse, una ducha con agua caliente, relajante, tranquila, buscando sedar cuerpo y mente y predisponerse para una noche de sueño reparador.

El tercer día

El tercer día es clave. El plan advierte que posiblemente sea la jornada más difícil de superar porque el cuerpo todavía no ha acabado de eliminar la totalidad de nicotina. Para superar las dificultades de este día, que estratégicamente coincidirá con un lunes laborable, se sugiere:

- Proponerse una actividad frenética: trabajar al máximo, actualizar faenas atrasadas, ir y volver caminando a la oficina, trabajar catorce horas...
- Tomar conciencia, en cada uno de los actos de hoy, que los realiza sin accesos de tos ni jadeos, con menos esfuerzo y con más eficacia.

La dieta de este día se adapta a las necesidades físicas del momento. Además de beber mucha agua y zumos de fruta, y de tomar verduras y frutas en abundancia, a partir de hoy coma un plato de arroz (prepárelo como más le guste, pero sin picantes), pan integral y algo de pasta italiana (tallarines, espagueti..., con alguna salsa suave). De esta manera acabará de eliminar lo que queda de nicotina en el organismo y, al mismo tiempo, tendrá energía para pasar la jornada.

El cuarto día

Es un día de transición hacia el final del plan. No aparece ninguna novedad, sino que sólo se trata de continuar con la misma dieta y seguir con un importante volumen de actividad durante el día. El objetivo consiste en mantener las manos ocupadas y la mente distraída. Si el trabajo lo permite, salga a caminar o vaya a nadar durante una media hora.

Es normal que aún sienta ganas de fumar, pero también que pueda vencerlas con poco esfuerzo, con apenas distraerse y poner un poco de fuerza de voluntad. También sería normal que tuviera ocasionales ganas de fumar durante los diez o doce días siguientes. No se preocupe, tenga paciencia y cuente con el apoyo de los demás. Hasta donde le sea social y laboralmente posible, rechace los grupos y las circunstancias donde se fume.

Puede aparecer algún grado de estreñimiento o cierta dificultad para conciliar el sueño. El primer problema se soluciona con facilidad: basta con crear un «hábito intestinal» (busque el momento del día, siempre el mismo, en el que pueda sentarse con paciencia para hacer el esfuerzo correspondiente).

El segundo problema es aún más fácil de solucionar: tome una infusión de valeriana, caliente y un poco azucarada, inmediatamente después de la ducha nocturna, justo antes de acostarse.

El quinto día

La última jornada del plan de cinco días permite comer de todo, excepto carne y alimentos excesivamente condimentados (salsas fuertes, vinagretas...). A partir de mañana puede volver, poco a poco, a la comida de siempre. No obstante, el plan recomienda una dieta abundante en agua, rica en verduras y frutas (para evitar el estreñimiento) y pobre en grasas e hidratos de carbono (para evitar el sobrepeso). Esta dieta puede continuar por tiempo indefinido porque es, en sí misma, muy recomendable para casi todas las personas, fumadoras o no. Añada a la dieta dos vasos diarios de leche desnatada.

Mientras programa los menús en la imaginación, mentalícese repitiendo frases como estas:

- No fumaré nunca más.
- Me he demostrado que se puede dejar de fumar.
- No caeré en la ingenua tentación de fumar un único cigarrillo.
- No caeré en la trampa infantil de provocarme a mí mismo.

Cambios en la salud
psíquica y física

La mala costumbre de fumar, por sí misma, produce una serie de cambios en el cuerpo, pero el organismo, a largo plazo, puede acabar «olvidándolos» con un nuevo sistema de vida y hábitos más saludables. No exagero ni un ápice: años después de abandonar el tabaco, el ex fumador se sorprende gratamente al descubrir que tales cambios vuelven a producirse, pero en sentido positivo. En otras palabras: dejar de fumar produce el curioso efecto de redescubrir aquellos cambios que, en su momento, quedaron «ocultos» por una cortina de humo. Este fenómeno es realmente maravilloso y constituye el motivo que ha llevado a más de un ex fumador a comentar aquello tantas veces oído: «de haberlo sabido antes...».

En este capítulo se estudian esos cambios que el tabaco ocultó y que el hecho de dejar de fumar hizo reaparecer. También se analizan los cambios que la gente suele achacar al hecho de dejar de fumar: engordar, estar nervioso, tener la tentación de volver a encender un cigarrillo...

LA ACTIVIDAD FÍSICA Y SEXUAL

Los fumadores suelen tener menos actividad física que los no fumadores. Esto es así por una razón muy sencilla: quienes fuman han ido disminuyendo poco a poco su actividad para adaptarse a la progresiva sensación de ahogo que tendrían si efectuaran tales ejercicios. Para no padecer esa desagradable sensación de ahogo, tales personas limitan su actividad de modo progresivo. Por ejemplo: el fumador adolescente puede subir una escalera sin dificultad; cinco años después, subir la misma escalera le provocará ahogo, y opta por el ascensor, la escalera mecánica... Esta adaptación a una actividad física cada vez menor llega al límite de disminuir las actividades de cada día, pues no se puede caminar al mismo ritmo que antes...

El efecto que produce el tabaco sobre los pulmones del deportista (o de quien aspira a serlo) es triple:

- La nicotina produce cierto espasmo de los bronquios más pequeños, con lo que llega menos oxígeno a los pulmones y se dificulta la salida del aire (espiración).
- La nicotina paraliza los cilios que revisten el interior de los bronquios, con lo que el «efecto limpieza» que normalmente realizan queda reducido; esto provoca dificultad para expectorar y favorece las infecciones.
- El efecto irritante del humo produce un aumento de la mucosidad y de los líquidos bronquiales, que se acumulan en el interior; esto provoca una tos persistente, inoportuna, que interrumpe la respiración.

Pero quien deja de fumar recupera buena parte de la capacidad respiratoria que perdió. Se trata de una recuperación que, si bien no es inmediata, no tarda en aparecer, y cuando se produce y el ex fumador observa que ahora puede hacer aquello que antes no podía, lo invade una extraordinaria sensación de salud.

Tampoco vamos a exagerar. Nadie pretende decir que si deja de fumar se convertirá de inmediato en un joven lleno de vida y desbordante de salud, pero sí se convertirá en otra persona. Comparado con un fumador de su misma edad y peso, notará que tiene mayor capacidad de ejercicio aeróbico y mayor resistencia a la actividad, que se cansa menos, que llega más lejos...

Si el paciente ya tiene sus pulmones dañados por bronquitis crónica, por enfisema o por EPOC, el hecho de dejar de fumar no curará la enfermedad por arte de magia. En estos casos en que existe un daño establecido, el abandono del tabaco impide que la enfermedad pulmonar progrese.

En relación al sexo masculino

Generalmente se cree que la costumbre de fumar puede provocar (o al menos favorecer) los problemas de impotencia, esto es, la dificultad en lograr una erección del pene suficiente para llevar a cabo una relación sexual satisfactoria. De momento, esto es una hipótesis científica, pero tiene posibilidades de que llegue a confirmarse.

Se piensa que el hecho de dejar de fumar mejoraría la potencia sexual de los varones ex fumadores, sin que ello signifique volver a los veinte años de edad. Si es su caso, le recomiendo hablar de este tema, sin tapujos ni vergüenzas, con su médico de confianza.

OLORES Y SABORES

La recuperación de la sensibilidad para los olores y los sabores es uno de los aspectos más interesantes del abandono del tabaco. Y es además uno de los aspectos más precoces, pues comienza a manifestarse a los dos o tres días de abandonar el hábito. Yo mismo recuerdo que, aún en la etapa de estar usando los parches de nicotina, me llamaba la atención el insistente olor a tabaco seco que impregnaba mi ropa al volver de un ambiente donde otros habían fumado (un restaurante, el avión, un bar...). Lo curioso es que, con anterioridad, yo no percibía ese olor cuando, evidentemente, ya existía y era incluso más intenso porque yo mismo era la causa del mal olor.

Muchos fumadores han contado la misma experiencia: la sensación desagradable que les producía el olor de un cenicero lleno, de una habitación de hotel donde se había fumado la noche anterior, de unas cortinas impregnadas, de un abrigo «ahumado»...

Volver a sentir el olor del tabaco es el síntoma más claro y evidente de que la nariz comienza a recuperar su maravillosa función olfativa y de que el cerebro empieza a interpretar esos olores.

Paralelamente, el ex fumador empieza a redescubrir los buenos olores y los buenos sabores. Se quedará maravillado por el olor de la hierba después de la lluvia, por el olor de un bebé, por el aroma de un caldo o de un guiso casero... Volverá a sentir los olores de las frutas en el mercado y de las flores en el campo.

Pero el ex fumador también descubrirá con escándalo el olor de sudor, el desagradable hedor del cubo de la basura, el penetrante tufo de la gasolina quemada en las calles congestionadas... Con los sabores sucede lo mismo: a poco de no fumar, reaparecen infinitos sabores, algunos agradables y otros no tanto. Es como volver a vivir, como empezar de nuevo...

EL PROBLEMA DEL PESO

Con toda la razón se dice que dejar de fumar engorda. Resulta muy cierto, pero sólo si el ex fumador se abandona. Este es un problema que preocupa más de lo normal porque, en el peor de los casos, más vale algún kilo de más que el riesgo de infarto, bronquitis o cáncer. Entre otros motivos porque un estado de sobrepeso puede solucionarse, pero no sucede lo mismo con un infarto o un enfisema.

Analicemos este problema desde sus dos posibles puntos de vista:

- ¿Se adelgaza al fumar?
- ¿Se engorda al dejar de fumar?

¿Se adelgaza al fumar?

Fumar no adelgaza; el tabaquismo no es un método para perder peso ni para conservarse delgado. Lo que ocurre es que el fumador acostumbra a comer menos, sobre todo entre horas, precisamente porque está fumando. Unos tomarán el café de media mañana acompañado de una galleta, y otros lo harán en compañía de un cigarrillo. Unos ampliarán la magnitud del postre después de comer, y otros fumarán un puro.

Por otro lado, es probable (pero no seguro) que el humo del cigarrillo disminuya ligeramente la sensación de hambre. De hecho, muchos fumadores esperan la comida fumando un cigarrillo mientras que los no fumadores la esperan tomando unas almendras saladas y un vermut.

El metabolismo general de los fumadores permanece un poco más acelerado que el de los no fumadores. Así, comiendo el mismo tipo de dieta y en la misma cantidad, el intestino de los fumadores tiende a moverse más y más frecuentemente que el de los no fumadores. Ambas circunstancias contribuyen a que el peso de quienes fuman tienda a conservarse siempre más o menos en un nivel similar.

Sin embargo, existe otra cuestión: ¿hay más individuos gordos fumadores o más gordos no fumadores? Quizá se sorprenda al comprobar que hay más obesos fumadores que no fumadores. Entonces, esto que a veces se dice de que fumar mantiene el peso es una verdad a medias, una afirmación muy relativa.

¿Se engorda al dejar de fumar?

Dejar de fumar no engorda, lo que engorda es comer más de lo necesario. Durante los primeros tiempos de dejar de fumar, las personas tienden a comer de más, y entonces engordan. Yo también engordé en aquella época, pero encontré la solución al problema.

Durante el tiempo que sigue a dejar de fumar, es normal y perfectamente comprensible que aparezcan ganas de ir comiendo cosas a cada momento. Hablo de ahora una galleta, más tarde una manzana, luego un bocadillo... Con anterioridad ya se comentaron los recursos con los que cuenta para prevenir un eventual sobrepeso por este motivo.

Además, es importante que asuma un ligero aumento de peso, que lo entienda y que lo acepte como parte del precio que debe pagar por liberarse de la esclavitud del cigarrillo. Para ser exactos: lo más probable es que, aun cuidándose un poco, aumente más o menos el 10 % de su peso. Por ejemplo, quien pesaba 60 kg mientras era fumador puede aumentar hasta 6 kg cuando deje de fumar.

El fenómeno del aumento de peso se presenta aproximadamente durante los siguientes seis meses a dejar de fumar. Hay que controlar este pequeño sobrepeso porque, de lo contrario, puede engordarse más del 10 %, pero lo más habitual es que con el tiempo se regrese al peso original. En efecto, tras dos años sin fumar, la mayoría de los ex fumadores ya han vuelto a su peso original solamente haciendo un poco de dieta.

La dieta que permite volver al peso original sin mayores esfuerzos (y hasta con el placer de una cierta nostalgia) es aquella que se definió como «actividad número dos» en el método con parches de nicotina. Esta dieta conviene continuarla de manera indefinida. Hacer lo mismo con la «actividad número tres» contribuirá decididamente a regresar al peso de toda la vida.

En conclusión, conviene asumir un probable aumento de peso, pero asumirlo como un fenómeno que se debe y se puede controlar, un fenómeno completamente transitorio. Son muchos los que han dejado de fumar, han engordado un poco y han adelgazado luego sin fumar.

EL NERVIOSISMO

El nerviosismo constituye otro fenómeno que conviene asumir de antemano porque es normal y perfectamente comprensible. También es transitorio: apenas se acostumbra el individuo a vivir sin fumar, desaparece esa tendencia al enfado, a la ansiedad, al nerviosismo y al mal humor.

Aunque el nerviosismo puede aparecer incluso antes de dejar de fumar, bastará con recurrir a las infusiones tranquilizantes (la de tila, sobre todo) para superar el mal trago. Otras personas han encontrado sosiego masticando uno de los muchos chicles sin azúcar existentes en el mercado, jugueteando con un bolígrafo entre los dedos en momentos de particular tensión, etc.

En su caso, si el nerviosismo es de grado intenso o definitivamente no lo puede controlar, hable con su médico de confianza porque tal vez necesite algún medicamento tranquilizante, aunque sea durante unas pocas semanas. El médico sabrá qué hacer después de analizar su caso en particular. Decida lo que decida, tenga siempre muy presente que el nerviosismo es algo transitorio (lo definitivo es la salud, tanto psíquica y física).

LA TENTACIÓN

Todas las personas están expuestas casi constantemente a caer en una u otra tentación: comer aquello que el médico prohibió, beber en cantidad inadecuada, comprar aquello que es caprichoso y caro, jugarlo todo a un número de lotería... La tentación está presente en todos los ámbitos de la vida, aunque lo que tienta a unos probablemente no tiente a otros.

Cada individuo tiene su punto débil, el lugar donde la tentación quiere penetrar con su carga de momentáneo placer y de posterior arrepentimiento. Pero todos sabemos que la tentación solamente entrará en casa si le abrimos la puerta, y bastará con cerrarle la puerta unas cuantas veces para que deje de molestar.

El ex fumador puede tener cierta tentación de fumar, una tentación nostálgica, nada más. Tanto como lo sería, por ejemplo, querer conducir un automóvil deportivo cuando siempre ha debido conformarse con un utilitario de segunda mano, o comer una bandeja repleta de bombones quien se encuentra obeso y tiene la obligación de hacer dieta.

El fumador que siente la tentación de fumar, fuma, y así va convirtiéndose en un adicto, poco a poco. En cambio, el ex fumador que se siente tentado a fumar un cigarrillo (aunque sea sólo uno) sabe que una recaída puede representar el regreso a la condición de enfermo, de adicto al tabaco. Entonces, el ex fumador rechaza automáticamente la tentación porque sabe a qué se expone, sabe cómo vencer la tentación, y conoce los beneficios que logrará al vencerla.

Quien rechaza un cigarrillo, y luego otro y otro, se convierte en un adicto al rechazo sistemático y rutinario. Al cabo de poco tiempo, el ex fumador rechaza toda forma de tabaco casi sin tomar conciencia de ello, como un reflejo, como una actitud inconsciente...

El mérito no reside en no recibir los ataques de la tentación (que son casi inevitables), sino en no caer en ella. Esto es perfectamente posible, y numerosas personas dan fe de ello y de que, después, uno se siente mejor.

Conclusión

Este es el último capítulo del libro, pero no es el final, sino el comienzo de una nueva etapa para usted y de un compromiso mutuo entre usted y yo porque quienes hemos dejado de fumar estamos comprometidos unos con otros y hemos de cumplir la palabra empeñada en dejar de fumar.

Este compromiso mutuo es recíproco. Yo me comprometí a no fumar ante quien me enseñó a dejar de fumar, y mantendré mi palabra. Usted se compromete ante mí a no fumar, y debe esforzarse en mantener su palabra. Algún día, tal vez antes de lo que imagina, usted recibirá el compromiso de un amigo en el sentido de que él también dejará el tabaco. Esta cadena de recíprocos compromisos nos garantiza que todos cumpliremos nuestra promesa de no fumar.

Los lazos que se establecen entre maestro y discípulo son fuertes y perduran. Son fuertes porque nacen de una experiencia traumática (la adicción al tabaco) que tiene un final feliz (dejar de fumar). Y perduran porque el discípulo se convierte a su vez en un maestro porque enseña a otras personas la clave del éxito.

Mi propósito en estas líneas finales es despedirme. Me despido porque usted y yo no volveremos a hablar nunca más sobre el tema de cómo dejar de fumar, porque no volveremos a caminar por la absurda senda del tabaquismo.

RECOMENDACIONES

Para finalizar, dos clases de recomendaciones: unas, para los profesionales de la salud, y otras, para las autoridades competentes.

Para los profesionales de la salud

En el cuadro de la página siguiente me refiero a las actitudes que deberían adoptarse ante las personas que tienen o han tenido problemas con el tabaco.

Para las autoridades competentes

El tabaquismo es fuente de graves enfermedades: un gran negocio para unos pocos y una lacra para otros muchos. Si realmente se desea erradicar este flagelo, las autoridades deberán luchar de manera urgente y enérgica. Las medidas más adecuadas podrían ser las siguientes:

- Eliminación de los cultivos de tabaco y reconversión de los terrenos hacia otras actividades agrarias o agroganaderas igualmente rentables.
- Prohibición absoluta de fumar en lugares públicos y en vehículos de transporte de pasajeros, tanto públicos como privados.

- Prohibición absoluta de toda forma de publicidad, directa o indirecta, evidente o sutil, destinada al público adulto o juvenil.
- Información masiva, objetiva y sin dramatismo sobre los riesgos del tabaco, tanto para los fumadores activos como para los pasivos.
- Amplia y general toma de conciencia sobre los riesgos del tabaquismo en embarazadas, en adolescentes y en niños.
- Amplia y general toma de conciencia sobre los derechos de los no fumadores y sobre las obligaciones que deben asumir los fumadores.
- Amplia y general toma de conciencia para que los fumadores no se conviertan en modelos a imitar por otras personas, sobre todo por los más jóvenes.
- Amplia y general toma de conciencia para que no fumen determinados colectivos: maestros, médicos...
- Amplia, general y variada oferta de tratamientos válidos y gratuitos para todos los fumadores que quieran dejar de serlo.
- Educación a los niños y a los adolescentes para que orienten su tiempo libre hacia el deporte o la lectura, alejándose así del tabaco y de otras drogas adictivas.

Los profesionales de la salud y las autoridades de cada país deberán tener muy claro que la erradicación del tabaquismo reportará grandes beneficios, tanto sanitarios como no sanitarios. La disminución del número de enfermos agudos y crónicos por adicción al tabaco representará un menor gasto en salud y un menor absentismo laboral, se ahorrarán gastos por invalidez cardíaca o respiratoria, disminuirán los incendios en viviendas, industrias y bosques... La erradicación del tabaquismo es un objetivo ambicioso. Quizá resulte difícil llevarlo a cabo, pero es perfectamente posible.

No hay que olvidar la sentencia del Tribunal de Justicia de la Unión Europea, con sede en Luxemburgo, que ha anulado la directiva comunitaria que pretendía prohibir toda forma de publicidad y de patrocinio de tabaco a partir del año 2006. Es una pésima noticia porque significa que las empresas tabaqueras podrán seguir haciendo publicidad con el objetivo de captar nuevos adictos al cigarrillo, sobre todo entre las mujeres y entre los más jóvenes. Medio millón de personas mueren cada año en Europa por culpa del hábito de fumar, argumento con el cual la Comisión Europea había auspiciado dicha directiva, que el tribunal ha dejado sin efecto.

Gro Harlem Brundtland, directora general de la OMS, respondía así a la decisión del tribunal comunitario: «La habituación al tabaco es una enfermedad transmisible por la publicidad, el deporte, el márketing y el patrocinio». Se ha perdido una batalla, pero lo que importa es ganar la guerra.

ÚLTIMOS AVANCES FARMACOLÓGICOS

A punto de terminar la edición de este libro, nos vemos obligados a incluir dos novedades farmacológicas que han aparecido en el mercado y que, sin duda, serán de interés.

Nicotrol

Con este nombre se comercializa una nueva forma farmacéutica de la nicotina: se trata de un líquido preparado para administrarse en forma de aerosol nasal. Su utilidad es comparable a la de los chicles de nicotina; de esta manera, el ex fumador debe administrarse una dosis (una brevísima vaporización del líquido) en cada fosa nasal, cuando sienta el ansia de encender un cigarrillo. No deben superarse las seis dosis por hora ni las ochenta vaporizaciones al día.

Este medicamento está destinado a convertirse en una alternativa interesante para los que quieren dejar de fumar; no obstante, el sistema de parches de nicotina sigue siendo el método más adecuado para abandonar el tabaquismo. Puede recabarse más información en la farmacia o a través de internet (www.nicotrol.com).

Quomen

Con este nombre se ha empezado a comercializar una nueva sustancia (el bupropión, perteneciente al grupo de los antidepresivos) que puede ayudar decididamente a todos quienes quieran convertirse en ex fumadores. Se trata de un medicamento que, a juzgar por la información que facilita el laboratorio fabricante, disminuye en gran medida la sensación de ansiedad que provoca el hecho de no fumar ni recibir tratamiento sustitutivo con parches, chicles o aerosol nasal de nicotina. De esta manera, el proceso de desintoxicación del tabaco resultaría más ligero de sobrellevar.

La ciencia ha puesto grandes esperanzas en este producto que, lamentablemente, sólo está disponible en unos pocos países del mundo y para el cual se precisa receta médica. Puede recabarse información en la farmacia o a través de internet (www.bupropione.com).

Bibliografía

BEERS, M.H. y R. BERKOW: *El manual Merck*, Madrid, Harcourt Brace, 1999.

BELLO, J.: *Enciclopedia de los síntomas y los análisis clínicos*, Barcelona, Víctor, 1998.

BELLO, J.: *Conoce tu cuerpo*, Barcelona, Víctor, 1999.

CAMPBELL, A.G.M. y N. MCINTOSH: *Textbook of pediatrics*, Exeter (Gran Bretaña), Churchill Livingstone, 1998.

CARR, A.: *Es fácil dejar de fumar, si sabes cómo*, Espasa-Calpe, 1999.

CASEY, K.: *Ojalá pudiera dejar de fumar*, México, Promexa, 1987.

COMBY, B.: *Tabac, libérez-vous!*, París, Dangles, 1992.

DERVAUX, J.L.: *Arrêter de fumer avec les gommes nicotiniques*, Alleur (Bélgica), Marabout, 1997.

FARRERAS, P. y C. ROZMAN: *Medicina interna*, Barcelona, Harcourt Brace, 1997.

GENERALITAT DE CATALUNYA: *Manual de prevenció i control del tabaquisme*, Barcelona, Generalitat de Catalunya, Departament de Sanitat i Seguretat Social, 1982.

GIL ROALES-NIETO, J. y M.D. CALERO GARCÍA: *Tratamiento del tabaquismo*, Madrid, Editorial Interamericana McGraw-Hill, 1994.

HOPKINS, C.: *Ciento una maneras de relajarse*, Barcelona, Urano, 1997.

LAGRUE, G.: *ArrÍter de fumer?*, París, Odile Jacob, 1998.

LORENZO, P., J.M. LADERO, J.C. LESA y J. LIZASOAIN: *Drogodependencias*, Madrid, Editorial Médica Panamericana, 1999.

MAZET, P. y D. HOUZEL: *Psiquiatría del niño y del adolescente*, Barcelona, Editorial Médica y Técnica, 1981.

MINISTERIO DE SANIDAD Y CONSUMO: *Ayude a su paciente a dejar de fumar*, Madrid, Ministerio de Sanidad y Consumo, Secretaría General Técnica, 1988.

MORENO ARREDILLO, J.J. y F.J. HERRERO GARCÍA DE OSMA: *Tabaquismo: programa para dejar de fumar*, Madrid, Ayuntamiento de Madrid, Área de Salud y Consumo, Departamento de Salud, 1998.

OUGHOURLIAN, J.M.: *La persona del toxicómano*, Barcelona, Herder, 1977.

PARDELL, H., E. SALTÓ y LL. SALLERAS: *Manual de diagnóstico y tratamiento del tabaquismo*, Madrid, Editorial Médica Panamericana, 1996.

R. SÁNCHEZ-OCAÑA: *El libro para dejar de fumar*, Barcelona, Alba Editorial, 1995.

RODÉS TEIXIDOR, J. y J. GUARDIA MASSÓ: *Medicina interna*, Madrid, Masson, 1997.

RODRÍGUEZ PULIDO, F. y A. SIERRA LÓPEZ: *La investigación epidemiológica de las drogodependencias*, Instituto Canario de Estudios y Promoción, 1995.

SALTÓ I CEREZUELA, E.: *En cinc minuts, ajudeu el vostre pacient a deixar de fumar*, Barcelona, Generalitat de

Catalunya, Departament de Sanitat i Seguretat Social, 1992.

VV. AA.: *Diccionario Médico Roche*, Barcelona, Doyma, 1993.

VV. AA.: *Vademécum Internacional*, Madrid, Medimedia Medicom, 1999.

...nadie y T. panunzio, dell'Istituto... al, 1982.

VV.AA. Bibliografia Medica... Ricerca bibliografica...

VV.AA. An Introduction... International... NIH, 1991. ...nella Medicina, 1992.

Pensamiento positivo
Vera Peiffer

¿Por qué nos ocurre con tanta frecuencia que cosas aparentemente sencillas nos parecen imposibles? Vera Peiffer nos da ideas y nos propone ejercicios prácticos para eliminar los obstáculos y conquistar el control de nuestro propio futuro mediante la elaboración de un programa adaptado a la propia personalidad de cada uno, la superación del estrés en la vida doméstica y laboral, y la toma de contacto con los sentimientos interiores para eliminar los pensamientos negativos.

¿Qué significan tus sueños?
Marcus Salomon

Esta obra nos presenta un completísimo diccionario de interpretación de los sueños en el que se pueden encontrar respuestas claras a todos los interrogantes sobre nuestras «vivencias nocturnas», además de un novedoso apartado en el que se trata la simbología según grupos temáticos: amor, familia, dinero... ¿Sabemos por qué soñamos con escaleras o sendas que no tienen final? ¿Es común soñar con reptiles o ratas? Gracias a este libro el lector podrá saber:

- Cómo afectan los sueños al ámbito del amor y los sentimientos.

- La salud y las relaciones cuerpo-mente.

- Un diario de interpretación de los sueños para hacer un seguimiento exhaustivo de los símbolos oníricos más frecuentes.

- Los planos material, económico, laboral y social vistos en relación con nuestros sueños.

El arte de ser mujer
Alicia Gallotti

Amor, felicidad, libertad, pareja, maternidad, hombres, sexualidad... palabras que encierran sentimientos esenciales del universo femenino. Alicia Gallotti, autora de numerosos éxitos editoriales, consigue en esta recopilación de citas de mujeres que en algún momento han destacado por su arte, su inteligencia y su sensibilidad, rendir un homenaje al silencio, al corazón, a la fuerza y a la inteligencia femeninas en un viaje alrededor del alma.

Aunque tenga miedo, hágalo igual
Susan Jeffers

Libérese del miedo que le atenaza. Las técnicas explicadas, de forma amena y práctica, en este libro son auténticas herramientas de fácil aplicación y de gran eficacia para:

- Controlar la propia vida y vencer el miedo.
- Cambiar la forma de pensar y eliminar la ira y el resentimiento.
- Encontrar el trabajo deseado.
- Crear relaciones positivas con los demás.
- Afrontar las situaciones con fuerza y seguridad en sí mismo.

Cómo prolongar la juventud
Dr. Nicholas Perricone

Con una sólida base científica, este revoluciona-
rio programa antienvejecimiento es muy fácil de
seguir y permite conseguir un cutis terso, una piel
tonificada y, en general, mejoras visibles de la
salud y el aspecto físico. El «Programa Perricone
de 28 días» —que incluye alimentación, ejercicio y
cuidado de la piel— supone una alternativa a otros
tratamientos de rejuvenecimiento más agresivos
o invasivos, tales como la cirugía, la exfoliación,
el Botox o el láser.

El libro de los zumos y batidos
Verónica Riera

Zumos y batidos son una de las mejores opciones
que existen para saciar la sed y alimentarnos. La
fruta y la verdura constituyen la base de la dieta
mediterránea y sus propiedades terapéuticas son
notables.

Agregar uno o dos vasos de zumo de fruta y
verduras a su alimentación diaria es la forma más
fácil, rápida y sencilla de aumentar el consumo de
nutrientes esenciales para el organismo.

En este práctico libro encontrará centenares de
deliciosas recetas para una vida más saludable.

Verónica Riera

El libro de los

Zumos y
batidos

swing

Debbie Shapiro

La conexión cuerpo mente

Descubra el origen psicológico
de sus dolencias y cómo hacer
más sana su vida

ROBIN BOOK

La conexión cuerpo mente
Debbie Shapiro

Este libro presenta una nueva y sorprendente investigación sobre la relación existente entre el cuerpo y la mente, que demuestra cómo las actitudes conflictivas, los temores y los sentimientos reprimidos pueden influir directamente en el organismo y su funcionamiento.

Asimismo, explica cómo nuestros estados emocionales pueden favorecer todo tipo de enfermedades: la hipertensión arterial, las disfunciones cardíacas, los trastornos nerviosos..., e incluso el cáncer.

La autora subraya el modo en que las distintas dolencias pueden contribuir, no sólo a transformar nuestra salud física, sino también a facilitar la curación a un nivel más profundo. Y nos muestra como, a través del descubrimiento y la comprensión de los mensajes que encierran los desórdenes físicos, podemos llegar a conocernos mejor a nosotros mismos.

Rejuvenece tu cuerpo
E. J. y S. Blawyn con S. Jones

¿Estás descontento con tu actual nivel de energía física y mental? ¿Te han desilusionado las habituales técnicas occidentales que tratan a tu cuerpo físico como si estuviera disociado de tu ser espiritual? Las técnicas y los ejercicios que presenta este libro, basados en el taoísmo, Tai Chi Chuan, Hatha Yoga, danzas sufís y de la cultura indígena norteamericana, te ayudarán a estimular toda tu fuerza vital.

- Cómo aprender a controlar y energizar los chakras conscientemente.
- Cómo poner en práctica los fundamentos básicos de la meditación y la visualización.
- Cómo liberarnos del exceso de energía que altera nuestro equilibrio físico y emocional.

E. J. y S. Blawyn con S. Jones

REJUVENECE TU CUERPO

Activa tu fuerza vital y alcanza
el máximo bienestar

ROBIN BOOK

Piensa, siente, actúa
Elias Kateb

Mindfulness (o el poder de la atención plena) es un estado o actitud vital. Se trata de una práctica milenaria que puede ayudarnos en las tareas que requieran concentración, a orientar nuestras decisiones, a descansar mejor, a fortalecernos y aliviar pequeños dolores y, en definitiva, a conocernos mejor.

Su práctica se ha extendido por todo el mundo como reguero de pólvora y consta de cuatro grandes fundamentos: la atención del cuerpo, la atención de los sentimientos, la atención del estado de la mente y el cultivo de la vida personal y cotidiana.

Mindfulness nos llama a la grandeza de vivir cada momento en toda su plenitud y nos invita a la apasionante aventura inacabable de mirar hacia nuestro interior.

Venza sus obsesiones
Edna B. Foa y Reid Wilson

Si se encuentra atormentado por pensamientos perturbadores no descados, o si se siente compelido a proceder de acuerdo con pautas rígidas, quizá padezca usted el trastorno obsesivo-compulsivo (TOC). En este libro descubrirá cuáles son los síntomas y los efectos de éste trastorno, y también cómo desembarazarse de él mediante autoterapias de la conducta que podrá llevar a cabo por sí mismo.

- Tiende a preocuparse... y siempre mantiene pensamientos inquietantes.
- Sale de casa, pero regresa una y otra vez para verificar si echó el cerrojo a la puerta, o si apagó el horno, o si desenchufó la plancha...
- Se siente molesto si otra persona toca sus cosas o las coloca en lugares desacostumbrados.
- Tiene pensamientos violentos, extraños o alarmantes, o teme llegar a ser capaz de hacer daño a alguien querido.